PADRE LIBRE, HIJO RICO

Educación financiera, inversión y emprendimiento aplicado a los niños

Floren Verdú

ISBN: 978-9916-746-90-5

ÍNDICE:

CAPÍTULO 0: ¿DE QUÉ TRATA EL LIBRO?

- ¿A quién va dirigido este libro? 8
- ¿A quién no va dirigido? 8
- ¿Por qué escribo este libro? 8
- ¿Quién soy yo para escribir sobre educación financiera, inversión y emprendimiento? 9

CAPÍTULO 1: HABILIDADES SOCIALES Y DE PENSAMIENTO

1.1 Habilidades sociales y de pensamiento 10
1.2 El capullo de mariposa 12

CAPÍTULO 2: EDUCACIÓN FINANCIERA

2.1 Creencias limitantes de los padres 14
2.2 Hábitos financieros saludables 15
2.3 La educación financiera en la escuela: 5 lecciones que no aprendí en el colegio 16
2.4 Principales razones para formar financieramente a los niños.... 18
2.5 ¿Cómo consigo el dinero? 20
2.6 ¿Cuánto vale tu tiempo? 22
2.7 Consumidores responsables 23
2.8 La paga: invertir, donar y gastar 24
2.9 La demora de la gratificación 34
2.10 La magia del interés compuesto 35
2.11 La propiedad, el trueque y los regalos 41
2.12 Manejar presupuestos y participar en los presupuestos familiares 43
2.13 Aprender en el supermercado: la lista de la compra 49
2.14 El monstruo de la inflación 50
2.15 ¿Para qué sirven los impuestos? 51
2.16 Juegos de mesa 52

2.17 Cuentos sobre educación financiera 54
2.18 No permitas que tus hijos hagan cosas que detestas.............. 80

CAPÍTULO 3: INVERSIÓN
3.1 Olvídate de las cuentas infantiles 82
3.2 Donar un fondo a tu hijo o comprarlo a su nombre.
¿Qué opción es mejor? 85
3.3 Fondos indexados para menores en Myinvestor........................87
3.4 Cartera de inversión para nuestros hijos.....................................88
3.5 Lecciones de Warren Buffett a sus hijos 91

CAPÍTULO 4: EMPRENDIMIENTO
4.1 Emprendimiento en pequeños negocios 94
4.2 Tu hijo es un genio 95
4.3 Niños de menos de 15 años que crearon negocios millonarios .98

CAPÍTULO 5: RECOMENDACIONES
5.1 Libros para niños y jóvenes.. 102
5.2 Expertos en educación financiera para niños 103
5.3 Vídeos recomendados de educación financiera...................... 105
5.4 Canales de YouTube para los niños 105

CAPÍTULO 6: CONCLUSIONES 106

CAPÍTULO 7: DONACIÓN, ATENCIÓN PERSONALIZADA Y VALORACIÓN 108

AGRADECIMIENTOS 110

¡Te regalo mi próximo libro!

Porque valoro a cada lector que me acompaña en este camin quiero regalarte algo único: acceso exclusivo a mi próxim libro completamente gratis.

Escanea el código y únete a mi club de lectores.

La aventura no termina aquí, empieza contigo.

¡Me apunto!

SUBSCRIBE

Capítulo 0:

¿DE QUÉ TRATA EL LIBRO?

En este libro pretendo ayudar a los padres y madres a conseguir los siguientes objetivos:

- Desarrollar habilidades sociales y de pensamiento en los hijos/as.
- Ayudar a establecer la educación financiera en la vida de los hijos/as.
- Enseñar a los padres y madres a aplicar la inversión básica en sus hijos/as.
- Ayudar a los padres y madres a desarrollar el espíritu emprendedor de sus hijos/as.
- Ofrecer los recursos necesarios a los padres y madres, para que puedan desarrollar la educación financiera y el emprendimiento en sus hijos/as.

No será un camino fácil, pero el esfuerzo merecerá la pena, ya que estaréis sembrando en el futuro de vuestros hijos/as.

¿A quién va dirigido este libro?

Este libro va dirigido a todas las personas que han leído mi libro anterior, el cual se llama: *"Cómo huir de la esclavitud moderna Educación financiera, inversión y desarrollo personal en un solo libro"*. Lo podéis encontrar en la web de Amazon de vuestro país.

No obstante, también podrás leerlo, si te has leído otros libros sobre educación financiera básica.

Además, este libro también está dirigido a padres y madres con una o más de las siguientes inquietudes:

- Piensan que el sistema educativo no satisface las necesidades especiales de sus hijos/as.
- Están dispuestos a asumir un papel más activo en la educación de su hijo/a.
- Quieren ayudar a los hijos/as a enfrentarse al mundo real, es decir, al mundo que se encontrarán al acabar la escuela.
- Piensan dar un buen inicio financiero en la vida de sus hijos/as.
- Se quieren asegurar que sus hijos/as van a desarrollar el talento natural y las ganas de seguir aprendiendo toda la vida.

¿A quién no va dirigido?

Si no tienes una formación básica en educación financiera, debería parar de leer, porque para poder conseguir los objetivos propuestos en este libro, primero tendrás que haberte formado tú y, sobre todo tendrás que haber eliminado tus creencias limitantes.

¿Por qué escribo este libro?

Principalmente, porque no se aprende educación financiera en lo colegios e institutos, y los padres y madres seréis los único responsables de la educación financiera de vuestros hijos/as.

Por tanto, ha llegado el momento de ser altruistas y de ayudar a nuestros/as hijos/as a conseguir un futuro mejor y, por supuesto, a que su economía no dependa tanto de los futuros gobiernos. Sin embargo, primero debemos formar a nuestros hijos/as, porque de lo contrario, nuestra ayuda económica no serviría para nada, puesto que mucho dinero y ninguna formación financiera, los conduciría directamente hacia la ruina.

Así pues, os ayudaré en este camino tan complicado, pero necesitaré vuestro máximo esfuerzo y dedicación.

¿Quién soy yo para escribir sobre educación financiera, inversión y desarrollo personal?

Soy un *Diplomado en Educación Primaria: Especialidad en Educación Física, por la Universidad de Alicante*, también, *Master en Bolsa + Master en Inversión y Productos Financieros por la Esneca Business School (Centro colaborador de la Universidad Europea Miguel de Cervantes de Valladolid).*

Capítulo 1:

HABILIDADES SOCIALES Y DE PENSAMIENTO

1.1 Habilidades sociales y de pensamiento.

El niño/a adquiere patrones mentales, es decir, todo lo que ha visto y oído en su hogar, y esta será la forma de relacionarse con el mundo.

Por tanto, el niño/a tiene que tener límites, porque va a intentar que su padre y madre cedan, y para ello utilizará la pataleta. Además, si no se frena a tiempo, lo va a trasladar a todas las áreas de su vida.

De este modo, nuestro hijo/a necesitará una estructura, porque si no, se desbordará y, por supuesto, debe tener claro lo que está bien y lo que está mal. Cabe destacar que, uno de los aspectos más importantes será que aprenda a manejar la frustración.

Y dentro de las habilidades sociales y de pensamiento más importantes, debe aprender:

- A comunicarse afectivamente.
- Ser responsable de su conducta hacia los compañeros/as y los que le rodean.
- Mantener el respeto en las relaciones con sus padres.

Otras habilidades sociales y de pensamiento que deben aprender:

- Aprender las consecuencias de sus conductas.
- Hacer las cosas ellos solos/as (cuento en el punto 1.2). Debemos potenciar la autonomía y evitar la sobreprotección.
- Desarrollar la conducta asertiva y la autoestima. Las personas asertivas tendrán capacidad para ser empáticas, y la gente empática también tendrá escucha activa. Es importante decir, que las personas asertivas serán valoradas a nivel social como triunfadoras.

Para que los niños/as tengan autoestima, desde pequeños/as deben recibir valoraciones positivas sinceras.

Ejemplos:
¡Cómo te esfuerzas!
¡Me siento orgulloso/a de ti!

Sin embargo, la autoestima tiene que ir acompañada de humildad.
Hay que formar personas asertivas, ya que no se nace con esta característica y, evidentemente, no viene en el código genético, así pues, es algo que vamos aprendiendo.
Se aprende con la interacción con los demás, empezando por su padre y madre. Por tanto, será fundamental que seáis asertivos, ya que sois el ejemplo a seguir por parte de vuestros hijos/as.

Los niños/as también deberán desarrollar las siguientes habilidades:

- Aceptarse a sí mismos/as, ya que será la única forma de que acepten a los demás.

- Aprender a decir la verdad y reconocer cuando se equivocan.
- Desarrollar la inteligencia emocional.
  Es la capacidad para manejar sus sentimientos y emociones, además, de entender los del resto de la gente.

Es de suponer, que el niño/a será el resultado de lo que hay en la familia, ya que no puede dar algo que no tiene, y de igual manera, el joven tratará igual que él es tratado.

Por último, hay que evitar que nuestros hijos/as tengan un comportamiento sumiso, porque atraerán a personas dominantes, es decir, gente que se aprovechará de ellos/as.

1.2 El capullo de mariposa.

Este cuento va dirigido a todos aquellos padres y madres de familia que siempre tratan de resolverle la vida a sus hijos/as por el gran amor que sienten por ellos/as, sin embargo, hay que recordar que el amor es ciego, puesto que no les permite ver el gran daño que les ocasiona a largo plazo.

A continuación, os dejo este cuento para que podáis reflexionar:

Un día, un hombre paseaba por el campo, y se encontró el capullo de lo que iba a ser una mariposa.

Le hizo tanta ilusión que se lo llevó a casa, no quería perderse el nacimiento de esa mariposa.

Pasaron los días y el hombre se percató de un pequeño orificio en el capullo, y pensó: "ya está, la mariposa saldrá enseguida".

Se sentó y observó cómo la mariposa luchaba para conseguir salir de aquel capullo que la envolvía.

Le asombró ver cómo forcejeaba sin descanso para poder pasar su cuerpo a través de ese pequeño agujero, pero de repente esa lucha parecía haber terminado, no se veía ningún intento por parte de la mariposa, como si hubiese desistido.

Viendo esto, el hombre con todo su buen hacer, decidió ayudar a la mariposa.

Cogió unas tijeras, y con las mismas hizo el orificio del capullo más grande, tan grande que la mariposa pudo salir fácilmente.

La sorpresa fue cuando vio salir a la mariposa… Tenía el cuerpo hinchado y sus alas eran muy pequeñas y estaban dobladas.

El hombre siguió mirando, ya que pensó que el milagro se formularía ahora, sus alas se desdoblarían y crecerían bellas, mientras su cuerpo se deshinchaba.

Pero pasaba el tiempo y nada cambiaba, ni las alas se desdoblaban y crecían, ni su cuerpo se deshinchaba, es más, la pobre mariposa solo era capaz de arrastrar su cuerpo haciendo círculos…y nunca pudo echarse a volar.

Lo que el buen hombre nunca pudo entender, fue que esa limitación, ese forcejeo de la mariposa para poder salir del capullo, realmente era la forma con la que la naturaleza hacía que se segregasen los fluidos necesarios para formar sus alas y poder volar.

Este cuento ha sido extraído del cuento: *"Aplícate el cuento"* de **Jaume Soler y M. Mercé Conangla.**

Capítulo 2:

EDUCACIÓN FINANCIERA

2.1 Creencias limitantes de los padres.

Casi todos nosotros/as aprendemos de nuestros padres y madre todo lo relacionado con el dinero, de este modo, ¿qué va a enseñar sus hijos/as un padre o madre que no tiene educación financiera?

Que el dinero es malo, que hay que trabajar mucho par conseguirlo, que tienes que encontrar un buen trabajo y que hay qu estudiar mucho…

Como ya sabéis, el dinero no es bueno ni malo, todo depende de uso que haces con él, así pues, hay que hablar del dinero co naturalidad.

Aquí os dejo un pequeño párrafo para que podáis reflexionar

“Uno de mis padres tenía la costumbre de decir: “No pued cómpralo”. El otro padre prohibió el uso de esa frase. Él insistía e decir: “¿Cómo puedo comprarlo?” *“Padre Rico, Padre Pobre”* **Robert Kiyosaki.**

La primera frase es una declaración. Mientras tanto, la segunda e una pregunta. La primera nos deja al margen, pero la segunda no obliga a pensar. Así pues, todo depende del punto de vista y de las creencias limitantes que tengamos.

Por último, te diré:

Tú eres la clave, tu mentalidad es la clave, tus creencias limitantes son la clave.

Fuente:
https://www.richdadmadrid.com/cuales-son-nuestras-ideas-acerca-del-dinero/

2.2 Hábitos financieros saludables.

Estos son los hábitos financieros que deberías enseñarles a tus hijos/as:

1. El dinero hay que ganárselo.
   Nuestros hijos/as deben comprender que el dinero surge de un trabajo o una acción previa, deben tomar consciencia que se trata de un recurso limitado.
2. Ahorrar es importante.
   Deben aprender a conservar una parte del dinero que reciben, para ello las huchas van a ser muy importantes.
3. Antes de comprar, hay que comparar precios.
   Hay que llevar a los niños/as al supermercado para que puedan aprender a comparar precios. Además, también es interesante llevarlos a comprobar el precio de un mismo producto en diferentes sitios.

4. No es lo mismo, necesidad que deseo.
   Pueden desear algo y no necesitarlo. Es por ello, que tienen que saber esperar, para de este modo no realizar compras compulsivas
5. La deuda es peligrosa.
   Debemos enseñarles que nunca pueden gastar más de lo que tienen.
6. El dinero se multiplica.
   Poco a poco debemos ir introduciendo el concepto de la inversión y del interés compuesto.

2.3 La educación financiera en la escuela: 5 lecciones que no aprendí en el colegio

1. Existen muchas opciones y no solo un camino.

La sociedad nos manda el siguiente mensaje:

"Estudia mucho para poder trabajar en una gran empresa. Cásate y ten hijos/as. Compra una casa y un coche. Vete de vacaciones en verano…".

Pero nadie nos ha enseñado que, aunque exista un patrón mayoritario, no tenemos obligación de asumirlo como válido para nosotros/as.

Tampoco nadie nos enseñó, que no es más rico quien más tiene, sino quien menos necesita, ya que la tendencia es ganar más dinero para comprar más cosas, y de esta forma convertirte en una persona de "éxito". Sin embargo, si ganas más y no tienes educación financiera, como ya sabrás, acabarás en la "Carrera de la Rata".

2. Controlar los gastos.

No nos han enseñado a apuntar y planificar nuestros gastos. No obstante, tener consciencia de nuestros gastos es algo que todos/as deberíamos practicar. Por otro lado, tampoco nos enseñaron que lo importante no es cuánto ganas, sino cuánto dinero eres capaz de retener.

3. No malgastar en pasivos y aumentar la compra de activos.

¿Qué elegirías si el banco BBVA te ofreciese uno de estos regalos por abrirte una cuenta: un iPhone último modelo o 300 acciones del banco?

En el caso de tener educación financiera básica, tengo clara la respuesta, porque si eliges el teléfono, creo que no deberías seguir leyendo.

Nadie nos explicó en el colegio que existían dos formas de gastar el dinero: comprar pasivos e invertir en activos.

Los pasivos nos causan satisfacción inmediata, pero suponen perder parte del dinero que han costado, e incluso nos pueden provocar gastos adicionales.

Mientras que los activos no nos ofrecen una satisfacción inmediata, pero nos pueden reportar más dinero en el futuro.

4. Necesidad de invertir.

Cuanto me habría gustado que me hubieran hablado en el colegio del interés compuesto y de la inflación y, por supuesto, de la importancia de invertir en bolsa.

5. Emprender como opción profesional.

¿Cuántas veces te mencionaron en el colegio o en el instituto que tu futuro podría dirigirse a montar tu propio negocio?

A mí ninguna.

Lo habitual es que se dé por supuesto que vas a trabajar para una empresa o para el Estado.

Como conclusión, los 5 puntos anteriores manifiestan carencias del sistema educativo en el que yo mismo me formé, desgraciadamente hoy en día siguen existiendo.

Fuente:
https://mario10porciento.com/5-lecciones-vitales/

2.4 Principales razones para formar financieramente a los niños.

Normalmente, cuando hablamos con cualquiera de nuestro entorno de las carencias de la educación financiera, solemos hacerlo con un tono de resignación, y cuando miramos al sistema educativo, nos queda claro que no podemos dejar este tema en sus manos.

Formar financieramente a los niños/as va a tener mucha importancia, porque los niños/as no tienen las creencias limitantes que nos han programado a los adultos desde pequeñitos. Así pues, esto nos permitirá que no caigan en los mismos errores que hemos caído nosotros/as.

Debo decirte, que promover la educación financiera en tus hijos/as será una de tus obligaciones como padre o madre.

Intenta no pensar que será algo sencillo, porque casi toda la gente de su alrededor los empujará al lado opuesto. Tu función será lograr que vean cómo funciona el dinero, para que puedan abstenerse de caer en las trampas que la sociedad colocará en su camino. Si tú les transmites la idea de consumo responsable, sus compañeros/as les mostrarán su nueva consola o móvil de última generación.

Por tanto, si tú les hablas de los beneficios de invertir su dinero en un fondo indexado o comprar acciones de bolsa, sus compañeros/as les darán envidia contándoles su último viaje a Disneyland.

Aunque los niños/as son lienzos en blanco, también serán muy influenciables, así que, tendrás que formarlos, para que puedan decidir entre dejarse llevar por el consumismo o hacer que el dinero se convierta en su mejor aliado.

¿Es posible que al sistema socioeconómico no le interese que tus hijos/as aprendan educación financiera?

¿Es posible que la ignorancia de la sociedad mantenga a algunas personas en una situación privilegiada?

¿Qué deben conocer los niños/as?

- El uso del dinero.
  El niño/a debe aprender que el dinero se puede utilizar para satisfacer nuestras necesidades básicas, para darnos gustos, para ahorrarlo e invertirlo, y para compartirlo con quien lo necesita.
- No todo se consigue con dinero.
  Ejemplos: las amistades, el amor, la felicidad, etc.
- Aprender a tener.
  Significa colocar por encima del dinero: la vida, la dignidad, los valores y los principios que nos guiamos.
- Aprender la cultura de la prosperidad.
  Tenemos que transmitirles la idea de abundancia, que tienen que ser abundantes en todos los aspectos de su vida: salud, dinero y amor.

¿Quién quiere ser pobre?

Ningún humano está hecho para la escasez, ya que todos estamos hechos para la abundancia.

Fuentes:

https://www.gestiopolis.com/como-iniciar-educacion-financiera-ninos/

https://www.cazadividendos.com/aprender/educacion-financiera-ninos-jovenes/

2.5 ¿Cómo consigo el dinero?

Cuando el niño/a es pequeño/a y no ha tenido muchas experiencias con el dinero, puede llegar a creer que el dinero sale del cajero y que solo tienes que acercarte a un banco para tener más, o que puedes pagar cualquier cosa con una tarjeta mágica que llevas en la cartera.

Por tanto, a la hora de explicar al niño/a que el dinero es fruto del trabajo y que no podemos comprarle todo lo que quiera, ya que tenemos que adminístralo bien para cubrir todas las necesidades de la familia, nos encontraremos con un problema, y recurriremos a las típicas frases:

"El dinero no lo regalan".

"El dinero no crece en los árboles".

"Papá y mamá tenemos que trabajar mucho para conseguir el dinero".

Siento decirte, que todas estas frases son muy abstractas para los niños y niñas pequeños/as, y solo nos permitirán salir del paso.

Debemos explicarle al niño/a cómo funciona el mercado laboral y detallarle en que consiste nuestro trabajo y el de nuestra pareja.

Además, para entender conceptos como el valor del dinero o la administración de la economía familiar, tu hijo/a necesita ejemplos prácticos. Así pues, el pequeño o pequeña debe implicarse, vivir la experiencia y sentirse partícipe de la economía familiar. De este modo, deberemos dejarle tomar iniciativas y llevarlas a cabo. Así será mucho más fácil que interiorice y consolide hábitos financieros que le servirán para el futuro.

También será muy importante que ayudemos a los hijos/as a crear consciencia del dinero, y aquí os voy a dejar un juego interesante:

Aprovechando que ahora se cobra por el banco, un juego interesante es reunirse todos los meses y colocar encima de la mesa todas las facturas o papeles, con las deudas escritas.

Posteriormente, se trata de colocar en montones, el dinero que se necesita para pagar esas deudas, y apartar lo que sobra del sueldo.

Para realizar este juego se puede comprar dinero falso en las jugueterías.

Ahora sería el momento ideal para involucrar a toda la familia en el control de gastos, se trataría de explicarles a tus hijos/as, que a partir de ahora vamos a llevar un control exhaustivo de los gastos, y todos vamos a apuntar cuanto ganamos y en que nos gastamos nuestro dinero, este planteamiento también nos ayudará a tomar más conciencia del dinero.

2.6 ¿Cuánto vale tu tiempo?

Los niños/as deben aprender a relacionar tiempo y dinero, para que los pequeños/as vean que con el dinero pueden conseguir tiempo para hacer lo que les apasiona, pero los padres y madres deben tener cuidado de no convertirse en los protagonistas de la siguiente historia:

- Papá, ¿puedo hacerte una pregunta? –preguntó el hijo/a.
- Sí, claro, ¿qué es? –preguntó el padre.
- Papa, ¿cuánto dinero ganas en una hora? –preguntó el hijo/a.
- Eso no es asunto tuyo, ni tu madre lo sabe, ¿por qué me lo preguntas? –dijo el padre.
- Solo lo quiero saber, por favor dime, ¿cuánto ganas en una hora? –preguntó el hijo/a.

  El papá contrariado contestó con un simple: 10€ por hora.
- Oh papá, ¿puedo pedirte 5€? –preguntó el hijo/a.
- ¿La única razón por la que quieres saber lo que gano, es para pedirme dinero prestado para comprarte algún juguete? –preguntó el padre enojado.
- No papá. ¿Me prestas esos 5€? –preguntó el hijo/a.

  El padre accedió a prestarle los 5€. El niño/a se puso muy feliz, se levantó y fue a su hucha.
- ¿Para qué quieres ahora más dinero? –preguntó el padre.
- Antes no tenía suficiente, pero ahora ya sí. Papá, tengo 10€. ¿Puedo comprar una hora de tu tiempo? Mañana me gustaría cenar contigo. –dijo el hijo/a.

Fuente:
https://preahorro.com/blog/como-ensenar-a-tu-hijo-a-ser-libre-financieramente/

2.7 Consumidores responsables.

Para convertir a tus hijos/as en consumidores responsables, puedes seguir los siguientes consejos:

- Ayuda a tus hijos/as a reducir el consumo de agua y luz. Apagar luces y cerrar grifos son hábitos sencillos, sin embargo, les ayudará a entender el concepto de ahorro familiar y la importancia de proteger los recursos naturales.
- Recicla y enséñales a reciclar.
- Enséñales que los objetos pueden tener una segunda oportunidad.
  Ejemplos: arreglar juguetes rotos, reparar muebles viejos, reutilizar folios, etc.
- Explícales la función de la publicidad.
  Debemos inculcar valores para que el consumo tenga sentido, ya que la publicidad intentará que se conviertan en consumidores compulsivos.
- Explora la naturaleza con tus hijos/as.
  Es una forma excelente de concienciar de la fragilidad de la naturaleza.

El consumo responsable exige pensar antes de comprar o consumir, y será fundamental que nuestros hijos/as lo aprendan.

Fuente:
https://eacnur.org/blog/consumo-responsable-definicion-consejos-ninos-tc_alt45664n_o_pstn_o_pst/

2.8 La paga: invertir, donar y gastar.

El término Economía viene del griego, y significa administrar tu casa, ¿quién no va a querer administrar correctamente su casa? Si lo haces sin conocimientos ni valores, pues quebrará tu casa, por tanto hace falta una formación previa y que empiecen a hacerlo desde pequeños/as. Por este motivo, es evidente que la educación financiera debería ser obligatoria en los colegios e institutos, porque a todos/as de pequeños/as nos dieron una hucha, pero no nos explicaron nada más.

Como los padres y madres no recibimos ninguna explicación en relación al dinero, en la mayoría de los casos estábamos llenos de prejuicios, pero con los niños/as es todo más sencillo, ya que se puede trabajar la educación financiera desde el principio, y a más pequeños/as sean los niños/as, más sencillo será trabajar.

El dinero es un tema tabú en muchas familias, sin embargo, los niños/as no saben que se utiliza para pagar la luz, Internet, la casa, etc. Por el contrario, se habla del dinero de forma peyorativa, les afirmamos que no tenemos dinero, aunque después en el supermercado llevamos el carro lleno, así pues, no les compramos la chocolatina pero llevamos el carro con un montón de alimentos que no son para ellos/as.

También van a recibir mensajes contradictorios en relación al dinero, porque no es lo mismo: ¿Cuánto vale? que ¿cuánto cuesta?

Cuánto vale es el valor para mí, ejemplo: una botella de agua en el desierto, y cuánto cuesta, es lo que pago por el objeto.

¿Pero quién decide el valor del dinero?

En Roma hubo un momento en que el dinero era la sal, es decir, que el valor lo tienen las cosas, no el dinero en sí mismo.

A estas alturas, supongo que ya te habrás dado cuenta, que una explicación teórica por sí sola no tiene sentido, así pues, desde que tus hijos/as reciben la primera moneda, hay que explicarles cómo ha llegado y las alternativas para utilizarla.

Los niños/as aprenden cometiendo errores y es mejor que se equivoquen cuando son pequeños/as, por tanto, ha llegado el momento de introducir el concepto de la paga.

Además, es muy importante que tus hijos/as experimenten con dinero real y con una cantidad fija.

¿Paga mensual o semanal?

Los niños/as tienen una percepción del tiempo diferente a los adultos, por eso es conveniente que empiecen a recibir la paga de forma semanal, puesto que les será muy complicado gestionar una paga mensual. Sin embargo, cuando sean un poco más mayores, sí que interesa darles una paga mensual.

¿Cuándo darle una paga mensual?

Entre los 12 y los 14 años sería un buen momento, para que de esta forma aprendan a organizarse a más largo plazo, al igual que nos ocurre a los adultos.

¿Cuánto dinero debo darle?

Dependerá de muchos factores, pero es evidente que tiene que ser una cantidad significativa (5€, 10€, 20€...) porque de nada servirá darle una cantidad simbólica (0'50€, 1€...) Pero ante la duda, mejor dar de menos que dé más, porque siempre estaremos a tiempo de subir la paga.

¿Qué hago si mi hijo/a me pide que le suba la paga?

Si tu hijo/a te pide que le subas la paga, debes pedirle que te haga un presupuesto y te justifique sus gastos. Evidentemente, esto solo es viable con los niños/as adolescentes.

¿A qué edad empiezo a darle la paga?

Dependerá mucho de cómo sean de responsables los hijos/as, pero puede ser una edad interesante entre los 5 y los 6 años.

¿Debo darle paga por colaborar en casa?

No. Las tareas básicas se hacen porque sí, porque todos los miembros de la casa las hacen sin esperar nada a cambio. No obstante puedes pagarle por realizar tareas extra, es decir, tareas por las que pagarías a alguien del exterior. Ejemplos: pintar una pared, recoger la leña, cortar la hierba, etc.

¿Puedo quitarle la paga por castigo?

No. Porque las finanzas exigen planificación. ¿Cómo va a planificar el niño/a, si no sabe lo que va a ingresar?

¿Qué hago si el niño/a se ha quedado sin dinero para gastar?

Si tu niño/a se ha gastado todo en un día y no puede comprar chuches o salir con los amigos/as, porque no tiene dinero, tendrá que esperar a la próxima semana. Aunque te cueste, tienes que hacerlo.

Es más conveniente que se quede una semana sin hacer lo que le gustaría, y aprenda la lección, a que cuando sea mayor tenga que usar la tarjeta para llegar a final de mes.

¿Cómo distribuye el niño/a el dinero de la paga?
Pues tenemos 2 opciones:

- 2 huchas: una para el ahorro e inversión y otra para los gastos.
- 3 huchas: una para el ahorro e inversión, otra para donar y otra para los gastos.

Lo ideal sería iniciarse con 2 huchas y al poco tiempo introducir la tercera hucha, la cual sería la de la donación. Algunos expertos/as recomiendan que las huchas o botes sean trasparentes, porque afirman que es una motivación extra para los niños/as, yo no me posiciono en este asunto, puesto que entiendo que lo más importante es su uso, y no su aspecto.

También hay expertos/as que separan la hucha de ahorro e inversión, en mi caso ya sabéis que es la misma hucha, porque el ahorro siempre tiene que ir acompañado de inversión. Lógicamente, los padres y madres sabéis de sobra, que no se puede invertir hasta que no dispongamos de un colchón de seguridad. Aunque en este libro estamos hablando de niños/as, ya que vosotros/as ya estáis formados.

Cabe aclarar, que la paga es del niño/a, es decir, es su propiedad, y el padre y madre no van a decidir en relación a como la gasta, ya que será mejor que se equivoque con 25€, que, con la hipoteca, así pues, el mejor aprendizaje será la experiencia. De este modo, la mejor forma de aprender será que compre locuras y no tenga dinero para otras cosas.

En cuanto a las huchas, si deberíamos decirle el porcentaje mínimo que debería meter en cada hucha, porque se puede convertir en muy tacaño/a o también en muy derrochador/a, y ambas posturas no son adecuadas.

Los porcentajes recomendados para las huchas serían los siguientes:

- Ahorro e inversión: mínimo entre un 10% y un 20% de la paga semanal/mensual.
- Donación: mínimo un 10% de la paga semanal/mensual.
- Gastos: lo que le quede al niño/a después de haber distribuido el dinero en el resto de huchas.

Es importante que nuestro hijo/a siempre siga el mismo orden a la hora de repartir el dinero en las huchas:

1. Ahorro e inversión.
2. Donación.
3. Gastos.

A continuación, vamos a explicar cómo ayudaremos a nuestros hijos/as a gestionar el dinero de las diferentes huchas.

1. Ahorro e inversión.
   Podemos proponerles a nuestros hijos/as varias opciones:

- Cuenta corriente (opción menos recomendable).
- Cuenta de ahorro (segunda opción menos recomendable).
- Fondo de inversión indexado (opción más recomendable).
- Comprar acciones (opción interesante).
- Invertir directamente en la empresa de su padre o madre (solo negocios propios).
- Invertir en pequeños negocios, creados por el propio niño/a.

Debemos explicarles los pros y contras de cada una de las opciones.

En el caso de comprar acciones individuales, sería conveniente que las eligieran ellos/as y, evidentemente, que estuvieran relacionadas con empresas que conocen: McDonald's, Disney, Coca Cola, Nintendo, etc.

Probablemente, será más sencillo que entiendan el funcionamiento de las acciones individuales y, a su vez, será una excusa perfecta para que vosotros/as os forméis un poco más en la inversión en bolsa. Sin embargo, para mí la mejor opción sigue siendo los fondos de inversión indexados, aunque reconozco que serán más difíciles de entender para los niños/as. Pero podéis ponerles los siguientes ejemplos:

- Comprar acciones de Disney = comprar una sola empresa.
- Comprar un fondo de inversión indexado = comprar el mundo.

También podemos hacerles la siguiente pregunta:
¿Por qué comprar una sola empresa, pudiendo comprar el mundo?

En mí en caso, si el niño/a decide invertir en un fondo de inversión indexado, le iré trasladando su dinero al fondo que ya estará a su nombre. Puesto que independientemente de la opción de inversión que elija, sí o sí, tendrá un fondo de inversión indexado, y lo tendrá en el momento que nazca, ya que es mi opción preferida, aunque no tiene por qué ser la tuya.

En cuanto a la inversión en vuestro negocio, le podéis entregar unos intereses semanales o mensuales en relación con la cantidad de dinero que invierta el niño/a. Pero lógicamente, solo recibirá intereses, si la empresa ha generado ingresos, ya que, en caso de pérdidas, el niño/a deberá asumirlas.

Hablaremos de los negocios creados por el propio niño/a cuando lleguemos al punto 4.1 del libro, que se titula: *Emprendimiento en pequeños negocios.*

Nuestro hijo/a debe aprender que esta hucha es para el futuro y que no se podrá tocar, ya que, esta hucha sirve para hacer crecer nuestro dinero gracias al interés compuesto.

2. Donación.
   Hay que enseñarles que compartir genera abundancia, y que solo dando recibimos. Como ya sabemos, el dinero es energía y debemos dejarla fluir.

Sería interesante llevarlos a una fundación para que vean que son unos privilegiados/as y, de este modo, valoren lo que tienen.

También se les puede decir, que pueden dar algo de su hucha de donación a la gente pobre que vean por la calle.

3. Gastos.
   Una vez los niños/as han llenado las huchas de ahorro/inversión y la de donación, ha llegado el momento de gastar en todo aquello que les gusta y, debemos dejar claro, que no se les puede permitir ahorrar todo el dinero que tienen para gastar, porque de lo contrario, se pueden convertir en tacaños/as. Aunque, podrán ajustar los porcentajes del dinero que gastan, puesto que no será algo hermético, ya que, dependiendo de la semana, el niño/a tendrá unos u otros objetivos.

¿En qué se gasta el niño/a el dinero de la parte de gastos?

Como ya dijimos anteriormente, se lo puede gastar en lo que quiera, nosotros/as no podemos opinar, debemos dejar que se equivoque y que se arruine. No obstante, debemos enseñarle que no se puede gastar lo que no tiene.

Por otro lado, tendremos que enseñarle que tendrá que ahorrar si quiere conseguir algo más caro y, por supuesto, que sea capaz de gestionar sus propios presupuestos. Ejemplo: que se encargue de organizar su propio cumpleaños.

El dinero es un medio para comprar objetos o servicios. ¿Qué tengo? ¿Qué necesito? ¿Cómo lo consigo?

Los niños/as tienen que aprender la demora de la gratificación, es decir, deben saber esperar para conseguir algo que es caro y tienen que ahorrar para conseguirlo. También deben aprender cuando les conviene esperar y cuando no.

Ejemplo: si estás muerto de hambre, tienes que comer.

Además, es ideal que participen en el presupuesto familiar.

Ejemplo: colaborar en la organización de unas vacaciones en familia.

Por supuesto, deben llevar a cabo sus propios presupuestos.

Ejemplo: organización de su fiesta de cumpleaños.

Daremos más detalles sobre los presupuestos cuando lleguemos al apartado específico.

¿Qué objetos o servicios no le vas a pagar?

Es el momento de darle a tu hijo/a una lista con los objetos servicios que no le pagarás y, por tanto, que tendrá que pagar a travé de la hucha de gastos.

Por lógica, el niño/a debería tener cubiertas las necesidades básicas ropa, comida, luz, agua, productos de higiene personal, materia escolar, ropa deportiva, etc.

Como podrás intuir, se trata de un asunto complejo, pero vamos intentar simplificarlo.

¿Qué le pago y que no le pago?

El niño/a tendrá que pagar los objetos o servicios en las siguiente situaciones:

- El niño/a no está conforme con la ropa o accesorios que le vas a comprar, en este caso tendrá que asumir la cantidad extra.
- El niño/a ha roto el material escolar y hay que reponerlo, en este caso asumirá todo el coste
- Tu hijo/a ha decidido coger algo en el supermercado que está fuera de la lista de la compra, en esta situación, tendrá que asumir el coste total del producto. Pero lo mejor de todo, es que se acabaron las discusiones.
- Tu hijo/a quiere un juguete que tú no tenías previsto comprarle, tendrá que asumir el coste total del juguete, y es posible que incluso tenga que ahorrar, porque no disponga de suficiente dinero.
- El niño/a quiere realizar una actividad de ocio, pero solo le gusta a él o ella, en este caso tendrá que pagar su parte proporcional, porque el resto de la familia os veréis obligados a acompañarle.
- Salir con los amigos/as (niños/as adolescentes)

Aquí hemos visto unos ejemplos, pero simplemente son ideas, estoy seguro que tú crearás con éxito tus propias condiciones.

¿Cuándo paga el padre o madre?
Muy sencillo. Nosotros/as asumiremos todos los costes, cuando el niño/a no pueda elegir.

Ejemplos:

- Al padre o madre le gusta mucho un restaurante, pero al niño/a no le gusta nada o habría elegido otro, en esta situación sus padres asumirán los gastos.
- La familia ha ido de compras y habéis decidido comer por el camino, en este caso el niño/a no ha tenido la opción de elegir, es por ello, que el padre o madre asumirá los gastos.

Creo que es un momento ideal para explicarles los gastos hormiga, y explicarles, que si los evitamos, nos permitirán ahorrar una cantidad de dinero extra, pero ya sabes que no les puedes obligar a ahorrar más, simplemente, les estamos mostrando todas las alternativas.
Ejemplos de gastos hormiga: merendar todos los días fuera de casa, almorzar todos los días en la cantina del instituto, etc.
Evidentemente, deberías explicarles que tú también renuncias a muchos gastos hormiga para tener un ahorro extra.
Ejemplos: café fuera de casa, almuerzos fuera de casa, cervezas fuera de casa, etc.

Es importante añadir, que la paga debe ser proporcional con los productos y servicios que no le vais a cubrir, porque el niño/a debe tener el dinero suficiente para poder aprender a gestionar su economía, sin embargo, una cantidad de dinero excesiva también sería contraproducente. Además, la paga también debe ser proporcional con la edad, ya que no serán las mismas necesidades las de un niño/a de 6 años que las de uno/a de 12.

"Adquirir desde jóvenes tales o cuales hábitos no tiene poca importancia: tiene una importancia absoluta". **Aristóteles.**

2.9 La demora de la gratificación.

Debemos imaginar que somos niños/as, nos colocan delante una golosina y nos dicen lo buena que está y que nos la podemos comer cuando queramos. No obstante, la persona que te la ofrece, te dice que tiene que salir un momento y que cuando vuelva te dará una golosina extra, pero será imprescindible que no te hayas comido la anterior.

¿Qué hacemos, comernos la golosina o esperar y tener una mayor recompensa más tarde?

Éste es el experimento que realizó a finales de los años 60 el psicólogo Walter Mischel, este experimento es conocido como el Test de la golosina o Test del Malvavisco.

Esta prueba consistía en llevar a un niño/a a una habitación donde había una nube de azúcar, y le decían, que si era capaz de aguantar la tentación y no comérsela durante 15 minutos, después podría tomar una más. Cabe decir, que alrededor de un tercio de los niños/as fueron capaces de esperar.

Por otro lado, tras 14 años de seguimiento de los niños/as que realizaron el experimento, Walter Mischel descubrió que aquellos/as que se mostraron más impulsivos y no fueron capaces de esperar, tenían más baja autoestima y umbrales de frustración menores, mientras que los que habían esperado, eran personas socialmente más competentes y con mayor éxito académico.

¿Cuándo le conviene al niño/a esperar?

Cuando nuestros hijos/as quieren comprar algo, no se les dice que no, por el contrario, se les anima a ahorrar para conseguirlo, además, será una forma muy potente de fomentar el ahorro, porque a veces, ahorrar sin objetivos no tiene sentido.

Además, será muy importante explicarles que tú también ahorras cuando quieres comprar algo, y que intentas no pedir prestado, a no ser que sea una necesidad.

Ahora sería un buen momento para mostrarles la diferencia entre necesidad y deseo, aunque las necesidades de una persona pueden ser muy diferentes a las de otra, los deseos son objetos/experiencias que uno quisiera tener o hacer, pero puede vivir sin ellas.

Fuentes:

https://psicologiaymente.com/psicologia/demora-gratificacion

https://www.psicoactiva.com/blog/test-malvavisco-walter-mischel-autocontrol/

2.10 La magia del interés compuesto.

Cuenta la leyenda, que un rey del lejano oriente, perdió a su hijo en una de las batallas que libró su ejército. Lo que le dejó profundamente consternado. Nada de lo que le ofrecían sus súbditos conseguía alegrarle.

Pero un buen día, un tal Sissa se presentó en su corte y pidi audiencia. El rey la aceptó, y éste le presentó un juego que aseguró qu conseguiría divertirle y alegrarle de nuevo. Era el ajedrez.

Después de explicarle las reglas y entregarle el tablero con su piezas, el rey comenzó a jugar y se sintió maravillado. Jugó y jugó, su pena desapareció en gran parte. Sissa lo había conseguido.

El rey, agradecido por tan preciado regalo, le dijo a Sissa que com recompensa pidiera lo que deseara.

- Soy lo bastante rico como para poder cumplir tu deseo má elevado.
  Pide la recompensa que te satisfaga y la recibirás, –dijo el rey

Sissa quedó callado con gesto pensativo.

- Expresa tu deseo. No escatimaré en nada para cumplir con tu petición –exigió el rey.
- Grande es tu magnificencia majestad, pero dame un tiemp para meditar –contestó Sissa.

Al día siguiente, Sissa se presentó de nuevo ante el rey.

- Soberano, manda que me entreguen un grano de trigo por l primera casilla del tablero de ajedrez, por la segunda casill ordena que me den dos granos, por la tercera cuatro, por l cuarta ocho, por la quinta dieciséis, por la sexta treinta y dos.. –dijo Sissa.
- ¡Basta! –exclamó el rey.
- Recibirás tus granos de trigo conforme a tu deseo. Por cada casilla, doble cantidad que por la precedente, hasta completar las 64 casillas del tablero de ajedrez.

Pero has de saber que tu petición es indigna de mi generosidad al pedirme tan mísera recompensa. Menosprecias mi benevolencia. Deberías haber mostrado más respeto. ¡Retírate! Mis sirvientes te entregarán un saco con el trigo que solicitas –dijo el rey.

Sissa sonrió y se quedó esperando en la puerta del palacio del rey.

Durante la comida, el rey se acordó del inventor del ajedrez y preguntó si ya habían entregado a Sissa la que consideraba una mísera recompensa.

- Soberano, se está cumpliendo tu orden. Los matemáticos de la corte están calculando los granos que corresponde entregar –dijo un sirviente del rey.

El rey, frunció el ceño enfadado.
Por la noche, volvió a preguntar si Sissa había abandonado ya el palacio con su saco de trigo.

- Los matemáticos trabajan sin descanso –le replicó su sirviente.
- ¿Por qué va tan despacio este asunto? –preguntó airado el rey.
- Que mañana antes de que me despierte hayan entregado hasta el último grano que corresponda. No acostumbro a dar dos veces la misma orden –exclamó el rey.

A la mañana del día siguiente, el matemático mayor de la corte solicitó audiencia para dar un informe muy importante al rey. Antes de que pudiese hablar, el rey le preguntó al anciano matemático si ya le habían entregado la mísera recompensa que solicitó Sissa.

- Sea cualquiera que fuese la cantidad, mis graneros no empobrecerán –dijo el rey.

Titubeante, el matemático contestó:

- Precisamente por eso quería verle, mi señor. Hemos calculado detalladamente la cantidad de granos solicitada por Sissa, y... en todos sus graneros, ni en todos los graneros del reino, ni con la suma de todos los graneros del mundo, existe la cantidad necesaria para cumplir la promesa –dijo el matemático.

Asombrado, el rey preguntó...

- Dime anciano ¿cuál es esa cifra tan monstruosa entonces? –preguntó el rey.
- Oh, mi señor... 18.446.744.073.709.551.665 granos de trigo, majestad. Ni la producción de los campos durante los próximos mil años cumpliría su deseo, mi rey –contestó el matemático.

La fábula del juego de ajedrez es un ejemplo claro del poder del interés compuesto, por tanto, no seas como el rey y enséñale a tu hijo/a la fuerza del interés compuesto.

A continuación, voy a mostrarte un ejercicio práctico que puedes hacer con tu hijo/a, le puedes dar un folio y pedirle que lo rompa, al principio no le costará nada, pero luego le puedes pedir que lo doble otra vez y vuelva a romperlo, así sin parar, y llegará un momento en el que lo habrá doblado tantas veces, que no podrá romperlo. Aquí tendríamos un ejemplo sencillo de la fuerza del interés compuesto.

De nuevo vamos a poner un folio como ejemplo, para así volver a ver la magia del interés compuesto, presta atención.

¿Cuál crees que es el número máximo de veces que puedes doblar un folio? Teniendo en cuenta que un folio mide 0'1 milímetros.
¿Cuánto crees que mediría si lo doblásemos 23 veces?
¿Ya tienes una respuesta?
¿Seguro?

Te lo digo. Mediría un kilómetro si lo doblásemos 23 veces.
Pero es que, en 42 pliegues llegaríamos a la luna, y doblándolo 52 veces, podríamos llegar al sol.
¡Es impresionante, pero es la realidad!

A continuación, voy a dejaros un ejemplo práctico que podéis utilizar con niños/as pequeños/as, es el siguiente:

Una vez los niños/as ya estén recibiendo la paga y la estén repartiendo en las diferentes huchas, vamos a introducir el concepto del interés compuesto, pero lo vamos a hacer sin que se den cuenta.

Les diremos lo siguiente, a partir de ahora os voy a dar a elegir entre 2 opciones:

1. 10€ semanales.
2. El 1% de lo que haya en la hucha el día 1 de cada mes.

Lo ideal sería tener 2 hijos/as y que cada uno eligiera una opción diferente, para que así pudieran ver las diferencias.

Al principio sería mejor la primera opción, pero conforme pasara el tiempo, los intereses pagados harían que la segunda opción fuera fantástica.

Es evidente que no es necesario que apliques siempre estos intereses, porque puede llegar un momento en que la paga sea demasiado elevada, pero será una forma práctica de que entiendan el concepto del interés compuesto.

Por otro lado, puede ser interesante la utilización de algún juego, y el que más me gusta es un juego online que se llama: Idle Miner Tycoon, se trata de un juego en el que las ganancias se invierten para adquirir más minas, es necesario añadir, que podrán jugar en el PC y también descargando la aplicación en el móvil.

Toda esta información está muy bien, pero ahora viene lo más importante, debes contar a tus hijos/as que tú también ahorras e inviertes una parte de tu sueldo, porque nunca debemos olvidar que nosotros/as somos el espejo donde se miran nuestros hijos/as.

Para finalizar, cuando vuestros hijos/as sean un poco más mayores, ya es posible utilizar alguna de las muchas calculadoras de interés compuesto que hay en Internet, para de este modo, poder enseñarles con números la magia del interés compuesto, y las grandes cantidades de dinero que pueden conseguir si invierten a largo plazo.

Aquí os dejo una calculadora muy interesante y, además, alguna información extra:
https://holainversion.com/calculadora-interes-compuesto/

Fuentes:
https://www.ahorrocapital.com/2019/01/breve-cuento-para-entender-el-interes-compuesto.html

https://www.sencillezplena.com/el-interes-compuesto-en-las-finanzas-y-la-vida/

2.11 La propiedad, el trueque y los regalos.

Al niño/a hay que dejarle gestionar su propiedad, porque muchas veces los padres y madres nos empeñamos en decidir por él o ella.

¿Por qué tiene que dejar su bicicleta?
¿Por qué tiene que dejar sus juguetes?

Es evidente que tenemos que formar a los niños/as en la solidaridad, pero no podemos obligarles a hacer algo que no desean, ya que, aunque a los padres y madres nos cueste entenderlo, el niño/a piensa:

¿Por qué no me dejas tu coche? ¿Por qué no me dejas llevar tus gafas de sol?

Además, será muy importante que introduzcamos el concepto del trueque, para que dé esta forma nuestros hijos/as entiendan que los objetos tienen un valor y pueden ser intercambiados por otros, y los objetos que ellos/as no quieren, los puede querer otro niño/a.

Y, por supuesto, a lo mejor un objeto que no tiene valor para ellos/as, puede tenerlo para otro niño/a.

Así pues, si tu hijo/a decide cambiar un objeto por otro, debes permitírselo, ya que recuerda que no debes decidir en la gestión de sus propiedades.

Por otro lado, si tu hijo/a no utiliza algún juguete, puedes sugerirle que lo done a alguna ONG, pero recuerda que será una simple sugerencia, y también puedes animarlo a venderlo en alguna plataforma como Wallapop.

En cuanto a los regalos, es habitual regalar demasiados productos o juguetes, y es totalmente contraproducente, ya que estamos potenciando el consumismo. Por tanto, para sus cumpleaños y Navidad, nunca les regalaría más de 3 regalos, porque de lo contrario no van a valorar lo que tienen. Sin embargo, los hijos/as serán libres de comprar todos los juguetes que quieran, siempre que el dinero proceda de su hucha de gastos.

¿Qué regalos les compro a mis hijos/as?

Ya que vamos a reducir el número de regalos, sería muy interesante que nuestros hijos/as eligieran los regalos que quieran recibir, ya que ellos/as serán los que van disfrutarlos. Por tanto, voy a recomendaros el uso de la lista de deseos.

¿Qué es la lista de deseos?

Pues será una lista donde los niños/as apuntarán todos los regalos que les gustaría recibir durante el año (cumpleaños, Navidad, etc.), y tendrán que apuntarlos por orden de prioridad. Cabe destacar que nunca se comprará un regalo que no lleve un mínimo de una semana apuntado, porque muchas veces los hijos/as se dan cuenta que realmente no deseaban ese juguete, y simplemente estaban realizando una compra compulsiva.

Además, el niño/a también utilizará esta lista para comprar sus propios juguetes y productos, evidentemente, se tratará de juguetes o productos para los que necesita ahorrar.

Por último, deciros, que esta lista de deseos también la podemos utilizar los adultos, pero lógicamente haciendo nuestra propia lista, ya que será una forma muy interesante de evitar las compras compulsivas.

¿Cuántas compras habrías evitado, si hubieses esperado una semana, antes de comprar algo?

2.12 Manejar presupuestos y participar en los presupuestos familiares.

Una forma muy interesante de que los niños/as entiendan que no se puede gastar lo que no se tiene, es hacerles partícipes de los presupuestos familiares.

Como ya estaréis imaginando, se trata de una tarea compleja, pero vamos a proponer una actividad sencilla, consistirá en que los hijos/as formen parte del presupuesto de las vacaciones.

Actividad.

Empezaremos contestando en familia a las siguientes preguntas:

1. ¿A dónde vamos de viaje?
Cada miembro de la familia debe proponer diferentes lugares y, finalmente, habrá que llegar a un consenso.

2. ¿Cuántos días vamos a estar?
Se debe hacer una propuesta estimada, porque dependerá de lo que duren las vacaciones y del presupuesto disponible.

3. ¿Qué medios de transporte vamos a utilizar?
Dependerá del destino elegido.

4. ¿Dónde nos vamos a alojar?
Pues dependerá mucho de los gustos familiares y también del lugar donde vayamos.

5. ¿Qué actividades vamos a realizar?
   Aquí volverá a ser necesario el consenso, y debemos permitirle a nuestro hijo/a que proponga alguna actividad.

6. ¿Qué porcentaje va a aportar cada miembro de la familia?
   Es fundamental que todos los miembros de la familia aporten dinero, lógicamente, cada uno aportará dentro de sus posibilidades. En el caso del niño/a, que es lo que nos interesa en este libro, aportará un porcentaje de su hucha de gastos.

7. ¿Cuánto dinero tenemos en total?
   Es el momento de realizar la suma total, y decidir si se puede hacer lo que está planificado o, por el contrario, hay que hacer recortes.

¿Es tan importante que nuestros hijos/as participen en el presupuesto familiar?

Por supuesto que lo es, porque los haremos participes de la economía de la familia y aprenderán a gestionar el dinero familiar.

Por otro lado, también será perfecto para cuando nuestros hijos/as se encuentren con niños/as de familias consumistas.

¿Papá, mamá, por qué Pedro y María tienen un móvil tan caro?

Cariño, ellos no participan en el presupuesto económico de su familia, y tú sí que eres muy importante para nosotros/as.

Hemos hablado de hacer participar a nuestros hijos/as en el presupuesto de unas vacaciones, pero tenemos muchos más ejemplos

1. Comprar una nueva televisión para la familia.
2. Pintar la casa.
3. Comprar una nueva casa.
4. Cambiar las camas.

Hay un montón de ejemplos, y vuelvo a recordar que cada miembro de la familia colaborará con un porcentaje de dinero que sea acorde a sus ingresos, por tanto, las cantidades de los niños/as serán muy simbólicas, pero no tiene relevancia, vuelvo a repetir que lo importante es que se sientan partícipes de los presupuestos familiares.

¿Cuándo harías participar a los niños/as en el presupuesto familiar?
Ya sabéis que no se pueden establecer edades, porque todos los niños/as son diferentes, pero personalmente, creo que a partir de los 5 o 6 años pueden empezar, básicamente, desde el momento en el que empiecen a manejar la paga de forma adecuada.

¿Pueden los niños/as manejar su propio presupuesto?
Por supuesto, os pongo un ejemplo: la organización de su fiesta de cumpleaños.

Actividad.
El niño/a debe responder a las siguientes preguntas:

1. ¿Dónde quiero hacer mi cumpleaños?
   En casa, en un restaurante, en un local… debemos explicarle los pros y contras.

2. ¿Cuándo lo celebraré?
   A veces, puede influir en el precio.

3. ¿Cuántos niños/as quiero que vengan?
   Debe ser un número que el niño/a y la familia puedan asumir.

4. ¿Cuántos adultos vendrán?
   Se trata de un gasto extra que el niño/a y su familia deben tener en cuenta.

5. ¿Cuánta comida y bebida necesito? ¿Cuánto me costará cada menú?
   Todo dependerá de si se realiza en casa, en un restaurante o si se va a alquilar un local.

6. ¿Voy a recibir donaciones (padre, madre, hermanos/as, abuelo, abuela, tío, tía, etc.)?
   Es lógico pensar, que si va a recibir donaciones, porque de lo contrario veo muy difícil que pueda realizar su fiesta de cumpleaños. Sin embargo, aquí lo importante es que el niño/a vea que tú también participas en las donaciones.
   Porque os recuerdo que, él tiene una hucha de donaciones.
   Así pues, el padre y madre también tienen que dar ejemplo.

7. ¿Cuánto dinero puedo aportar de mi hucha de gastos?
   El niño/a utilizará la hucha de gastos para pagar una parte proporcional.

8. ¿Cuánto dinero tengo en total?
   Nuestro hijo/a descubrirá que tiene un presupuesto limitado.

9. ¿Tengo suficiente dinero para todo lo previsto? ¿Necesito hacer recortes?
   Sería ideal que el niño/a se vea obligado a realizar recortes,

porque será una buena lección para su vida, es decir, una forma práctica de entender que no se puede gastar lo que notiene.

¿Existen otras formas de organizar presupuestos?

Claro. El niño/a también puede realizar presupuestos para comprar un juguete caro, un teléfono, un ordenador, etc.

En este caso vamos a poner un ejemplo con la compra de un juguete caro. Para ello, debemos ayudar a nuestro hijo/a a que se haga las siguientes preguntas:

1. ¿El juguete lleva más de una semana en la lista de deseos?
   Recordar que no se puede comprar nada que no lleve un mínimo de una semana en la lista de deseos.

2. ¿Dónde hemos visto el juguete?
   Se trata del primer lugar donde ese juguete le llamo la atención.

3. ¿Lo venderán en más sitios?
   Para nosotros/as es una respuesta simple, pero a los niños/as hay que explicárselo.

4. ¿Valdrá lo mismo en todos los lugares?
   Aquí el niño/a va a aprender que los precios varían de un sitio a otro, por tanto, aprenderá a comparar precios.

5. ¿Puedo conseguir el dinero más rápido?
   Debemos ofrecerle trabajos extras, siempre que dispongamos de ellos, es decir, trabajos por los que pagaríamos a alguien del exterior.

Ejemplos: pintar una pared, recoger la leña, quitar la hierba, lavar el coche, preparar una cena a su papá y mamá, ordenar el trastero, etc.

Además, también podemos proponerles, que para su cumpleaños Navidad… No pidan regalos, que por el contrario pidan dinero, sería una forma de acelerar el proceso, pero para que el niño/a pueda planificar, debemos decirle que cantidad le daríamos. También le podemos decir, que a su abuelo y abuela no les pida regalos y, por el contrario, que les pida dinero.

Aunque de nuevo, será necesario que el abuelo y la abuela le digan cuanto le van a dar, porque el niño/a necesita planificar. Recordar que en finanzas la planificación es fundamental.

6. ¿Cuántos meses o años tengo que ahorrar?
   Una vez que el niño/a conozca todos los datos, ya dispondrá de su presupuesto personal, y habrá sido capaz de conseguir lo que quería sin necesidad de endeudarse.

¿A qué edades consideras que los niños/as pueden gestionar sus propios presupuestos personales?

Como ya sabéis, es muy difícil establecer una edad, pero creo que a los 8 años ya están capacitados/as para esta tarea.

Mientras que alrededor de los 12 años, ya podemos explicarles cómo llevar un registro de ingresos y gastos, y que anoten en una libreta el dinero que sacan o guardan de las huchas, de este modo sabrán de qué dinero disponen y en que se lo han gastado.

Por último, también podemos enseñarles nuestro registro de ingresos y gastos, que normalmente lo tendremos en un documento de Excel.

2.13 Aprender en el supermercado: la lista de la compra.

Como ya sabéis, el neuromarketing hará todo lo posible por influir en nuestra compra, pero vamos a tener un sistema muy potente de defensa, que será la lista de la compra.

Por tanto, siempre que vayamos al supermercado lo haremos con una lista de la compra elaborada en casa, y nunca debemos salirnos de lo establecido en la lista, ya que los propios adultos siempre estaremos tentados a comprar otros productos que nos han llamado la atención o que están en oferta.

También sería recomendable que comparemos productos de un supermercado a otro, pero todo dependerá de nuestro tiempo disponible.

¿Tenemos que llevar a los hijos/as al supermercado?

Ya sé que hay familias que lo odian, porque a veces se encuentran con pataletas por parte de sus hijos/as, pero desgraciadamente, estarán perdiendo la oportunidad de enseñar a sus hijos/as un montón de conceptos importantes:

1. Diferencia entre valor y precio.
2. ¿Por qué el mismo producto varía en función de la marca?
3. ¿Siempre debo comprar el producto más barato?
4. ¿El mismo producto vale en todos los supermercados lo mismo?
5. ¿Qué alimentos son prioritarios y cuáles secundarios?
6. ¿Tengo un presupuesto ilimitado?

Por suerte, nosotros/as no vamos a tener ningún tipo de pataleta por parte de nuestros hijos/as, ya que os recuerdo que el niño/a puede echar al carro lo que quiera, pero evidentemente, siempre que tenga dinero suficiente en su hucha de gastos. Así pues, vamos a realizar la compra muy tranquilamente.

Por último, recordar, que debéis dar ejemplo y no se puede comprar nada que no esté en la lista.

2.14 El monstruo de la inflación.

Vamos a intentar explicarles a los niños/as en que consiste la inflación, y lo podemos hacer con la siguiente historia:

La inflación es un monstruo que inicialmente parece hasta simpático, porque regala dinero a todas las personas.

Para que la gente no pare de comprar cosas, el Banco Central no para de imprimir billetes, porque tienen una máquina de imprimir dinero, así la gente piensa que puede consumir más. Sin embargo, al haber más dinero para comprar la misma cantidad de productos, suben los precios de todos los productos.

Ejemplo:

Imaginar que en un país solo existen 5 manzanas y un total de 5€ así que, por cada 1€ se podrá comprar una manzana, pero si el Banco Central dobla la cantidad de billetes, y la cosecha de manzanas sigue siendo la misma, ahora con 1€ solo se podrá comprar media manzana.

Por tanto, los precios suben porque baja el valor del dinero, y esto es lo que conocemos como inflación.

El Banco Central será el encargado de controlar al monstruo de la inflación, y cuando ven que se pone agresivo, lo encadenan, pero cuando les interesa, le dan de comer más dinero.

Por último, el monstruo de la inflación no solo se come el dinero que le da el Banco Central, sino que también se come el dinero de resto de la gente, y también el de los niños/as. Por eso los niños/as tienen que ahorrar/invertir.

Aquí os dejo unos cuantos vídeos infantiles que podéis ponerles a vuestros hijos/as:

https://www.youtube.com/watch?v=L5T0lyaS668

https://www.youtube.com/watch?v=PER82DrzVt4

2.15 ¿Para qué sirven los impuestos?

Les podemos realizar la siguiente explicación:

Todo lo que hace el gobierno cuesta dinero: parques, jardines, carreteras, escuelas, hospitales... Y nosotros/as le damos dinero al gobierno a través de impuestos, hay gente que aporta mucho y otros que aportan muy poco. Se supone que todos/as nos beneficiamos de las cosas que hace el gobierno, pero los impuestos son obligatorios, por tanto, si nos gustara pagarlos, no nos tendrían que obligar.

Cada vez que pagas el gobierno se queda con parte de tu dinero, cada vez que a ti te paga alguien, el gobierno también recibe una parte del dinero. Posteriormente, el gobierno lo utilizará para hacer cosas.

¿Qué es Hacienda?

Son los hombres y mujeres que se encargan de recoger el dinero para el gobierno.

A continuación, os dejo un mensaje de Twitter que me hizo gracia y quiero compartirlo con vosotros/as, y dice lo siguiente:

"Mi hijo me ha preguntado qué es Hacienda, me he comido el 40%de su tarta, se ha puesto a llorar, y ahora tiene claro el concepto". **@ResiVil**

La parte importante de este apartado, es que debemos transmitirles a los niños/as la importancia de cuidar todo lo que les rodea, porque todo vale dinero, y nosotros/as lo pagamos con nuestros impuestos.

2.16 Juegos de mesa.

Voy hablaros de 2 juegos de mesa para aprender educación financiera, el primero se llama *Catán*, tenemos la versión normal y también el *Catán Junior.* En cuanto al segundo juego, se llama *Cash Flow.*

<u>Primer juego:</u>
Catán/ Catán Junior.
Jugadores: 3 - 4/ 2 - 4 (el Junior tiene un lado del tablero para 2)
Edad: +10/ +6
Tiempo: 60 - 120 min/ 30 min
Editorial: Devir
Autor: **Klaus Teuber**
Ilustraciones: **VVAA/ Annette Nora Kara y Patricia Raubo**
Lugar de venta: Amazon
Precio: 37€/ 28€ (son precios aproximados)

A continuación, voy a describiros **Catan Junior**, se trata de una versión del clásico *Catán,* con algunas adaptaciones en relación con mecánicas, temáticas (en el junior somos piratas) y cambios en la duración respecto al clásico *Catán.* Aunque en ambos juegos somos colonos/piratas que queremos ocupar y dominar unos terrenos.

Cabe destacar que, cada uno de estos terrenos produce una serie de recursos: madera, ovejas, piñas, etc. Todos estos recursos nos permitirán comprar algunas construcciones y caminos/barcos que nos darán puntos al final de la partida. Sin embargo, los recursos no se producirán siempre en todos los terrenos, sino que se lanzará un dado para ver cuales producirán.

Habrá algunas acciones especiales, como el mercado para negociar en *Catán* o la ayuda del loro pirata en *Catán Junior* (que será un poco al azar). Por tanto, se trata de un bonito juego de gestión de recursos.

Segundo juego:
Cash Flow.
Jugadores: 2 - 6
Edad: +14
Autor: Robert Kiyosaky
Lugar de venta: Amazon
Precio: 90€ (precio aproximado)

Quiero presentaros el mejor juego de todos, que es el *Cash Flow,* y por fin lo tenemos en español, este juego será perfecto para jugar en familia, ya que los adultos también nos vamos a divertir.

El juego *Cash Flow* (Flujo de caja) está basado en el sistema creado por el escritor del libro: *"Padre Rico, Padre Pobre",* **Robert Kiyosaky**. Es un juego de mesa que enseña los conceptos básicos de educación financiera, contabilidad e inversión.

A medida que se desarrolla el juego, los participantes van descubriendo de forma divertida qué es la libertad financiera y cómo se alcanza. El objetivo del juego es tomar buenas decisiones financieras y hacer inversiones que generen ingresos pasivos, para poder cubrir todos los gastos personales o familiares.

Además, otras opciones interesantes son los juegos de mesa d
Value School, los podéis encontrar en Amazon, los juegos serían lo
siguientes:

1. Memory Value (a partir de 5 años).
2. Play Value (a partir de 8 años).
3. Be Value (a partir de 14 años).

Por último, quiero deciros que será fundamental que vuestro hijos/as aprendan jugando, porque los niños/as necesitan que e aprendizaje sea divertido y, por supuesto, muchísimo mejor si l hacéis en familia.

2.17 Cuentos sobre educación financiera.

Los cuentos son otra herramienta muy potente que vamos a tener nuestra disposición, la cual utilizaremos para transmitir mensajes nuestros hijos e hijas y, por supuesto, contribuiremos a que e aprendizaje sea significativo.

Quiero empezar este apartado con el siguiente relato:

Un regalo inesperado por **Sergio Martín**.

"Hoy era el cumpleaños de Raúl. Estaban terminando de recoger la casa tras la pequeña fiesta que habían preparado sus padres, y a la que habían acudido sus amigos/as y sus compañeros/as de clase.

La verdad es que había sido un día agotador, lleno de sorpresas y regalos, pero todavía faltaba una última sorpresa.

El padre de Raúl se acercó a él y le entrego una pequeña cajita envuelta en papel de regalo.

- Toma este es el regalo de tu madre y de tu padre –dijo su padre.
- ¿Qué es papá? –preguntó Raúl.
- Ábrelo y lo descubrirás. –dijo su padre.

Raúl estaba un poco nervioso, y con cuidado abrió su regalo. En el interior de la caja había un pequeño artefacto poco más grande que una moneda de euro.

- ¿Y esto? ¿Qué es, para qué sirve? –preguntó Raúl.
- Eso, hijo mío, es una máquina fabulosa. Sirve para fabricar dinero –dijo su padre.
- ¿Cómo la máquina que hay en el banco que nos da dinero? –preguntó Raúl.
- No Raúl, eso es un cajero automático y tan solo le devuelve a papá el dinero que antes le ha dado él al banco. La máquina que tienes en las manos sí que produce el dinero. –contestó su padre.
- ¿Y cómo funciona papá? –preguntó Raúl.
- Verás, es muy sencillo. Esa caja que tienes entre las manos, me ha costado 15€. Tiene un mecanismo que le permite fabricar una moneda de euro una vez al año. –dijo su padre.
- ¿Una moneda de euro al año? Pues menuda birria. El abuelo me da un euro todas las semanas. –dijo Raúl.
- No creas, imagina que, en lugar de tener una máquina compras quince. Al final del año, con lo que producen tus quince máquinas, tendrás el dinero suficiente para comprar otra más sin poner un solo euro de tu bolsillo. ¿Coges la idea? –contestó su padre.
- Pues me sigue pareciendo muy poco –dijo Raúl.

- Ya, pero piensa en lo siguiente, si guardas una parte del dinero que te da el abuelo para comprar chucherías, para comprar otras máquinas, antes de que te des cuenta, tendrás mucho más dinero del que te da el abuelo cada semana –dijo su padre.
- ¿Y todo el mundo tiene máquinas de estas papá? –preguntó Raúl.
- Pues curiosamente no. La mayoría de los mayores desconoce que existen o cómo funcionan. Muchos ni siquiera saben que pueden comprarlas, a pesar de que es muy sencillo conseguirlas. Quien las quiera las puedes comprar en Internet El problema es que vivimos en una sociedad en la que la información es más accesible que nunca y, sin embargo, el común de los mortales no saca provecho de esa información. Están más pendientes de la liga, del gran hermano y todo tipo de distracciones sin sentido. Pero la
culpa no es de la gente, esto es el producto de un sistema que prefiere que la gente sea ignorante, que se llenen de deudas y que estén obligados a permanecer encadenados a un trabajo que no les hace feliz durante toda su vida, para llegado el día, jubilarse con una mísera pensión. Ya lo entenderás mejor cuando seas mayor. –dijo su padre.
- A partir de ahora me guardaré algunas monedas para comprar cajas, pero me tendrás que ayudar porque yo no sé comprarlas. –dijo Raúl.
- No te preocupes, yo te ayudaré. Cuando seas más grande podrás hacerlo tú solo. Lo primero que tendrás que decidir, es que máquinas quieres comprar, pues hay miles de marcas diferentes que fabrican el mismo artefacto. Entre tanta variedad, te puedes encontrar de todo. Hay algunas cajas baratísimas, tan solo cuestan algún céntimo. Las puedes

encontrar en webs tipo Aliexpress. Prometen el mismo rendimiento que las buenas por un precio infinitamente menor, pero tienen una trampa. La mayoría de las veces estás comprando quincalla, que no sirve para nada, y al final de la jugada perderás tu dinero. En este mundillo a esas cajas se les denomina "chicharros". Huye de ellos como del diablo.
Por otro lado, tienes máquinas de buena marca, de calidad contrastada, que son más apetecibles que las baratas, pues en teoría dan más que las otras, pero a un coste mucho más alto. La ventaja de estas máquinas es que son mucho más robustas y fiables, prácticamente no tienen averías y, además, generalmente tienen actualizaciones del fabricante que les permite ser más productivas con los años, con lo que a la larga son mucho más eficientes que las otras. Esas son las que debes comprar.
También he de decirte, que existe un mercado de segunda mano muy potente, de manera que, si algún día no estás satisfecho con alguna de las marcas que has comprado, seguramente podrás deshacerte de ellas en ese mercado de segunda mano, y con el dinero que obtengas, comprar otras mejores que te den más tranquilidad. Las máquinas buenas son como los buenos vinos, se revalorizan con los años, de manera que la que te costó quince euros, en unos años puede valer mucho más, por tanto, si lo necesitases, podrías venderlas en ese mercado de segunda mano. Debo advertirte, que, en ocasiones, dependiendo de la situación, el valor de las máquinas en el mercado de segunda mano desciende, y la gente te ofrecerá por ellas menos de lo que te costaron, pero mientras no tengas necesidad de venderlas, ellas te seguirán produciendo tus euros al final del año.

Ya sé que parece muy complicado, pero con mi ayuda y conel tiempo lo irás entendiendo –dijo su padre.

Aquella noche, a Raúl le costó un poco conciliar el sueño pensando en el descubrimiento que le había hecho su padre. Máquinas que fabricaban dinero, parecía una película de ciencia ficción.

Sin embargo, su padre durmió como hacía tiempo que no lo había hecho, sabiendo que había encarrilado a su hijo hacia un futuro de prosperidad".

Se trata de un relato muy bonito donde se habla de la importancia de invertir en acciones de la bolsa, y está explicado de una forma muy sencilla. Por tanto, quiero felicitar públicamente a Sergio **Martín** por el excelente trabajo que ha hecho escribiendo este relato.

Fuente:
http://www.enormepiedraredonda.com/articulos-de-objetivo-2035-un-regalo-inesperado-por-sergio-martin/

A continuación, quiero dejaros un listado de más cuentos sobre educación financiera:

1. La cigarra y la hormiga

Un verano abrasador, una cigarra cantaba bajo un árbol. No quería trabajar, simplemente quería disfrutar del sol, y cantar, cantar y cantar.

Un día, una hormiga pasó transportando un gran grano de trigo en su espalda. Pero una cigarra la ridiculizó:

- ¿A dónde vas con tanto peso? ¡Hace tanto calor! Aquí a la sombra se está mucho mejor, cantando y tocando la guitarra.

Estás actuando como una tonta, ji, ji, –la cigarra comenzó a reír.

- No tienes ni la menor idea de cómo pasar un tiempo fabuloso... –dijo la cigarra.

La hormiga la ignoró y siguió su camino, callada y exhausta, la hormiga pasó todo el verano trabajando y almacenando alimento para el invierno. Y cada vez que la hormiga veía a la cigarra, la cigarra se reía y cantaba una melodía burlona:

- ¡Qué risa me dan las hormigas cuando van a trabajar! ¡Qué risa me dan las hormigas que no pueden jugar!

Así que, paso la primavera y llegó el invierno, y la hormiga se metió en su cálido hormiguero con suficiente comida para pasar todo el invierno, y se dedicó a jugar y a estar tranquila.

Sin embargo, la cigarra se quedó en la miseria y sin alimento. No tenía nada para comer y hacía mucho frío. En ese momento, recordó a la hormiga y fue a tocar a la puerta de su casa.

- Hormiguita, acabo de recordar que en tu hormiguero hay mucha comida, y vengo a pedirte que me prestes algo para que pueda vivir este invierno. Te lo devolveré cuando pueda. –dijo la cigarra.

La hormiga envolvió las llaves de su hormiguero y respondió furiosamente:

- ¿Crees que te prestaré lo que me costó conseguir un montón de esfuerzo? ¿Qué has hecho, gandula, durante el resto del año? –preguntó la hormiga.
- Ya lo sabes, a todos los que pasaron por allí les canté alegremente sin cesar por un minuto –respondió la cigarra.

- Bueno, ahora puedo cantar como tú: ¡Qué risa me dan las hormigas cuando van a trabajar! ¡Qué risa me dan las hormigas que no pueden jugar! –cantó la hormiga.

Así pues, la hormiga enfadada, cerró la puerta a la cigarra. A partir de ese momento, la cigarra aprendió a no reírse de nadie y a trabajar un poco más.

Aquí lo tenéis en vídeo: https://www.youtube.com/watch?v=E7oi8QvsAus

2. *El cuento de la lechera.*

Hace mucho tiempo había una joven que vivía con sus padres en una granja. Ella era una joven trabajadora que ayudaba en las tareas de la casa y también a cuidar los animales.

Un buen día, su madre le dijo:

- Mi niña, hoy bien temprano las vacas han dado mucha leche y no me siento bien. Tengo fiebre y no quiero salir. Ahora eres una señorita, así que, hoy vas a vender la leche en el mercado. ¿Lo quieres hacer? –preguntó su madre.

La joven, que era muy atenta, se dirigió a su madre:

- Claro mamá, iré para que puedas descansar –contestó la hija.

La madre, al ver que su niña estaba tan dispuesta, le dio un beso en la mejilla y le garantizó que todo el dinero que recaudará sería para ella.

- ¡Qué contenta estaba ella! Cargó el recipiente con leche escurrida ysalió de la granja tomando el camino más recto a la ciudad.

Estaba caminando enérgicamente pero su mente continuó trabajando. Simplemente, estaba reflexionando sobre cómo invertiría las monedas que obtendría de la venta de la leche.

- ¡Ya sé lo que haré! Con las monedas que me den por la leche, compraré doce huevos, los llevaré al rancho, mis gallinas los incubarán, y cuando aparezcan los doce pollitos, los cambiaré por un lechón estupendo. Cuando se críe, será un cerdo gigantesco. A continuación, volveré al mercado y lo cambiaré por un ternero, y cuando crezca me dará todos los días una gran cantidad de leche que podré vender por mucho dinero. –pensó la niña.

La joven niña estaba hipnotizada por sus pensamientos. Tal y como lo estaba organizando, la leche en el recipiente le permitiría enriquecerse y continuar con una vida agradable.

Estaba tan inmersa que se despistó y no vio que había una piedra en el camino. Se tambaleó y ¡zas! ... La pobre niña cayó al suelo. Solo se hizo un par de rasguños en sus rodillas, sin embargo, su recipiente voló por el aire y se rompió en mil pedazos. La leche se derramó por todo el lugar y sus fantasías desaparecieron. Ya no había leche para vender y, por lo tanto, todo se había acabado.

- ¡Qué mala suerte tengo! Adiós a mis huevos, mis polluelos, mi lechón y mi ternero. Esto me pasa por ser demasiado ambiciosa –se lamentó la joven entre lágrimas.

Con tristeza, recogió los trozos del cántaro y volvió con su familia, pensando en lo que había sucedido.

Moraleja:
En algunos casos, la ambición nos hace pasar por alto que lo importante es vivir y apreciar el presente.

Aquí lo tenéis en vídeo:
https://www.youtube.com/watch?v=Dp4nRrzlMfY

3. *La fábula del pescador.*
Un empresario estaba en el muelle de una ciudad frente a la playa, cuando apareció una pequeña embarcación con un solo pescador, además, dentro del barco había unos pocos peces, y el empresario elogió al pescador por la cantidad de peces.

- ¿Cuánto tiempo has tardado en conseguirlos? –preguntó el empresario.
- Sólo un breve período –respondió el pescador.
- ¿Por qué razón no te has quedado más tiempo y has sacado más peces? –preguntó el empresario.

El pescador le reveló que tenía suficiente para satisfacer las necesidades inmediatas de su familia.

- ¿Pero qué haces con el resto de tu tiempo? –preguntó el empresario.
- Duermo hasta tarde, pesco un poco, juego con mis hijos/as, duermo la siesta con mi esposa, voy todas las noches a la ciudad donde bebo ron y toco la guitarra con mis compañeros/as. Tengo una vida plena y ocupada –respondió el pescador.
- Tengo estudios universitarios y podría ayudarte. Deberías invertir más energía en la pesca y con el salario comprar una

embarcación mayor, y con las ganancias del barco más grande podrías comprar algunos barcos más, al final tendrías una flota de barcos de pesca. Por tanto, en lugar de ofrecer el pescado a un comerciante, podrías hacerlo directamente a un procesador de pescado y, por supuesto, a larga podrías abrir tu propio procesador de pescado.
Deberías controlar la producción, el procesamiento y el transporte. Para ello, debes escapar de este pueblo pobre e ir a la ciudad, después a la capital y evidentemente al extranjero, donde dirigirías tu organización –dijo el empresario.

- ¿Pero cuánto tiempo tardaría en conseguir todo eso? –preguntó el pescador.
- Entre 15 y 20 años –respondió el empresario.
- ¿Y luego qué? –preguntó el pescador.

El empresario se rió y dijo que esa era la mejor parte.

- En el momento en el que llegue la oportunidad, debes sacar la empresa a cotizar a la bolsa y vender las acciones de tu empresa. Te harás rico y ganarás millones –respondió el empresario.
- Millones... y luego ¿qué? –preguntó el pescador.
- En ese momento, puedes retirarte. Irte a una ciudad en la costa, donde puedes descansar hasta tarde, pasear, jugar con tus hijos/as, dormir con tu media naranja, ir cada noche a la ciudad donde bebes ron y tocas la guitarra con tus compañeros/as –contestó el empresario.

- ¿No es eso lo que tengo ahora? –preguntó el pescador.

Aquí lo tenéis en vídeo:
https://www.youtube.com/watch?v=RrMZVPCHjVU

4. El niño y los dulces.

Había un niño muy goloso que continuamente necesitaba comer dulces. Su madre tenía en la estantería de la cocina un recipiente lleno de dulces y, de vez en cuando, le daba uno, pero los dosificaba, porque se dio cuenta de que no eran beneficiosos para sus dientes.

El niño estaba deseando hacerse con el recipiente, así que, un día cuando su madre no estaba en casa, acercó una silla a la estantería y saltó para intentar llegar hasta el recipiente. De este modo, sujetándose sobre los dedos de los pies, fue tras el recipiente de vidrio que tanto anhelaba.

- ¡Objetivo cumplido! –exclamó el niño.

Bajó con cautela y se lamió los labios contemplando cuantos ricos caramelos se desharían en su boca. Puso el recipiente sobre la mesa y metió la mano en el agujero del bote.

- ¡Quiero coger todos los caramelos que me sea posible! –exclamó el niño.

Cogió una gran cantidad, pero cuando intentó sacar la mano, su mano quedó atascada.

- ¡Oh, no puede ser! ¡Mi mano está atrapada dentro del bote de dulces! –exclamó el niño.

Tiró tan fuerte que su mano se puso roja como un tomate. Era imposible. Intentó girarla a un lado y a otro lado, pero tampoco funcionó. Sacudió el recipiente con cautela para no romperlo, pero la pequeña mano siguió sin salir. También, trató de sostenerlo entre sus piernas para inmovilizarlo y tirar de su mano, sin embargo, tampoco funcionó.

Asustado, se tiró al suelo y comenzó a llorar con fuerza. La mano todavía estaba dentro del recipiente y, como si no fuera suficiente, su madre iba a regresar y le iba a dar una bronca de campeonato.

- ¡Menuda mala leche tiene mamá cuando se enfada! –exclamó el niño.

Un compañero que caminaba cerca de la casa escuchó los gritos del niño a través de la ventana, y como la puerta estaba abierta, entró asustado. Él lo encontró pateando con furia y locura.

- ¡Hola! ¿Qué está pasando? Te escuché desde la calle –dijo el compañero.
- ¡Mira que desgracia! ¡No puedo sacar mi mano del recipiente de golosinas y necesito comérmelas todas! –exclamó el niño.

El compañero sonrió y fue claro.

- La solución es más simple de lo que sospechas. Deja caer algunos caramelos de tu mano apretada y confórmate solo con la mitad. Tendrás muchas golosinas y podrás sacar tu mano del cuello del recipiente –dijo el compañero.

El niño lo hizo. Soltó parte de los caramelos y su pequeña mano no resultó ser un problema. Se limpió las lágrimas y cuando el niño se calmó, compartió los caramelos con su amigo.

Moraleja:

A veces, intentamos tener más de lo que necesitamos y eso nos trae problemas. Debemos ser sensatos y moderados en todos los aspectos de la vida.

Aquí lo tenéis en vídeo:
https://www.youtube.com/watch?v=iLiNMNKyNls

5. *Parábola del acueducto.*

Hace bastante tiempo, en un pueblo italiano, hubo un problema importante de falta de agua. El pueblo necesitaba transportar el agua desde un rio cercano hasta la cisterna que estaba en la plaza central del pueblo. El acuerdo fue otorgado a unos primos llamados: Pablo y Bruno.

Los jóvenes comenzaron a trabajar rápidamente y al final del día habían llenado el depósito, posteriormente, se les pagó por cada cubo de agua que habían traído.

Bruno estaba contento con la compensación, pero Pablo no estaba nada contento.

A Pablo le dolía la espalda y también las manos, además, tenía que levantarse temprano y continuar transportando cubos constantemente.

Pablo le recomendó a Bruno que comenzaran a construir un acueducto, un canal que transportara el agua desde el río hasta el pueblo, y que ya no fuera necesario transportar cubos. Sin embargo Bruno no tenía confianza en esa propuesta, ya que se sentía cómodo y seguro con su nuevo trabajo.

Pablo no permitió que le robaran su sueño, así que, comenzó a trabajar durante las horas libres y los fines de semana en la construcción de su acueducto. Mientras Bruno dormía o estaba en el bar con sus compañeros/as, Pablo seguía cavando gradualmente su zanja para la tubería. Pablo trabajó mucho más que Bruno, su esfuerzo fue enorme, pero su sueño de construir un acueducto era mucho más grande.

En los primeros meses hubo muy poco avance en el desarrollo de su acueducto, sin embargo, con el transcurso de los días, Pablo necesitaba caminar menos para obtener el agua y llenar los cubos, mientras Bruno parecía agotado y tenía que seguir caminando hacia el rio para llenar los cubos.

- Los esfuerzos difíciles en el momento presente son equivalentes a resultados extraordinarios a largo plazo, mantén tu enfoque en la increíble meta final, centímetro a centímetro se avanza –se dijo Pablo mientras hundía su pala en el terreno accidentado.

Los centímetros se convirtieron en un metro… el metro se convirtió en diez metros... y luego veinte metros, y luego cientos de metros...

Por fin llegó el gran día de Pablo, ¡la tubería estaba hecha! Los aldeanos lo rodearon para ir a ver cómo llegaba el agua a través de las tuberías del acueducto a la cisterna del pueblo. Finalmente, el pueblo tenía agua de forma constante, y los habitantes de los alrededores se mudaron al pueblo. Y este pueblo creció y avanzó.

Cuando se terminó la tubería, Pablo nunca más necesitó transportar más cubos. El agua fluía tanto si trabajaba como si no. Fluía mientras comía. Fluía mientras descansaba. También funcionaba los fines de semana mientras jugaba. Además, cuanta más agua llegaba al depósito del pueblo, más dinero se iba al bolsillo de Pablo.

Aquí lo tenéis en vídeo:
https://www.youtube.com/watch?v=QnAZs86HsZE

6. La encina y el junco.

En una pradera crecía una encina que daba las gracias a la madre naturaleza por los numerosos dones que había recibido.

De cada una de sus virtudes, la que más apreciaba era ser alta, ya que le permitía no perderse un solo detalle de lo que sucedía a su alrededor. Además, se sentía satisfecha de ser preciosa, y cuando tenía oportunidad, presumía de su gran cantidad de espléndidas hojas verdes. De hecho, era robusta, maravillosa y tenía salud para entregar cientos de bellotas para la época de cosecha, pero lo que más disfrutaba de sí misma, era su tronco gigantesco y grueso que la hacía sentirse sólida, protegida y magnífica.

Tener un número tan significativo de dones tuvo un resultado negativo, ya que después de un tiempo, la encina empezó a sentirse superior al resto de las plantas, particularmente a aquellas que consideraba más frágiles.

En un pequeño humedal, muy cerca de donde vivía la encina, había un pequeño junco. A diferencia de su vecina, era extremadamente fino y, como no tenía hojas ni flores, pasaba totalmente desapercibido a la vista de otras personas.

Un día, el roble se dio cuenta de su realidad y comenzó a molestarlo.

- ¡Oye, basura! ... ¿Cómo te sientes cuando eres delicado y sin importancia? –dijo la encina.

El pobre junco estaba desconcertado por una pregunta tan terrible.

- Bueno, no tengo mucho que decir, excepto que vivo tranquilo y contento –dijo el junco.

Al escuchar la respuesta, la encina comenzó a reírse con desprecio.

- ¡Jajaja! Obviamente con poco te conformas. No veo cómo puedes ser optimista rodeado de tanta humedad, plantado en ese fango oscuro y pegajoso ¡qué asco! –dijo la encina.

El junco reaccionó con humildad.

- En realidad, habría disfrutado más de haber sido concebido en la pradera como tú, pero como seguramente entiendes, soy una planta acuática y debo estar siempre en el agua para desarrollarme –dijo el junco.

La encina emitió otra risita y siguió pinchando.

- ¡Jajaja! ¿Desarrollar? ... ¡Pero si mides menos de medio metro! Échame un vistazo a mí: yo soy un árbol estilizado, encantador y... ¿has visto mi increíble tronco? ¡Maravilloso! ¿Verdad? Tú eres delgado como un alambre. ¡Dios mío, qué vida tan despreciable te ha tocado vivir! –dijo la encina.

El junco sabía muy bien que él no era el más fuerte del lugar, sin embargo, estaba seguro de que eso no lo hacía peor que nadie.

- Sí, soy bajo y delgado, pero tengo respeto y una virtud que tú no tienes –dijo el junco.

La encina preguntó en tono burlón.

- ¿Cuál es tu virtud? –preguntó la encina.
- Bueno, ¡soy completamente flexible! –respondió la encina.

La encina se echó a reír.

- ¡Oh, qué risa! ... ¡Flexible! ... Además, ¿de qué sirve eso, en el caso de que se pueda saber? Disculpa, ser tan delicado es repugnante, todo el día moviéndote cada vez que sopla una ligera brisa... ¡Qué mareo y tormento! –dijo la encina.
- Bueno, sin embargo, en circunstancias específicas puede ser fantástico... –dijo el junco.
- ¿Positivo?... Positivo es tener un tronco imponente y muy bien plantado como el que yo tengo –dijo la encina.

Cuando sonaron estas palabras el cielo se oscureció, quedó cubierto de nubes, y apareció una de esas enormes tempestades que aparecen cuando nadie se lo espera. Como cualquiera podría esperar, todas las criaturas corrieron para protegerse del aguacero, el viento y los rayos, no obstante, las plantas y los árboles no pudieron escapar.

Su alternativa, era simplemente oponerse y sentarse firmemente hasta que despejara.

Lamentablemente, ocurrió lo más terrible: el aire enfurecido se transformó en una enorme tormenta que arrancó el roble del claro y lo arrojó despiadadamente a un precipicio. Ni su magnificencia, ni su estatura, ni su colosal tronco, fueron de ninguna utilidad cuando el tornado golpeó.

El pobre junco también sufrió mucho, pero aguantó la fuerte tempestad, sin embargo, como era de esperar: se retorció, se movió de lado a lado y sufrió ciertos daños, pero debido a su gran flexibilidad, soportó el fuerte viento.

Cuando terminó el riesgo, lo primero que hizo fue mirar sus daños y gruñir de tormento.

- ¡Oh, estoy lleno de heridas y tengo algunas raíces destrozadas! –exclamó el junco.

Rápidamente echó un vistazo a donde la encina había estado durante mucho tiempo y reflexionó:

- Lo que otros ven como una imperfección me hace sentir feliz e incluso me ha salvado la vida –pensó la encina.

Moraleja:
Todos tenemos características que nos diferencian y nos hacen extraordinarios. Siéntete bien con ellas y explota tus dones, sin embargo, no menosprecies a los que no son como tú.

Aquí os dejo el vídeo:
https://www.youtube.com/watch?v=0s1O81GAs1s

7. *El verdadero valor del anillo.*

Hace bastante tiempo, un joven discípulo fue a su maestro en busca de ayuda.

- Maestro me siento un inútil y pienso que no estoy haciendo nada bien, además, necesito que la gente me quiera más –dijo el discípulo.
- Me gustaría apoyarte, sin embargo, ahora estoy ocupado con mis propios asuntos. Quizás, en el caso de que me ayudes a abordarlos, podría completarlos antes y ayudarte –le respondió el maestro sin dirigirle la mirada.

El discípulo sintió nuevamente que sus intereses estaban siendo desatendidos.
A continuación, el maestro le dio un anillo del dedo.

- Toma un caballo y ve al mercado más cercano. Necesito qu vendas este anillo para cumplir con una deuda. Lo má importante es que intentes obtener la máxima cantidad d dinero que puedas, pero no aceptes menos de una moneda d oro –dijo el maestro.

El discípulo se dirigió al mercado más cercano para vender el anillo Comenzó a ofrecer el anillo a varios mercaderes que estaba interesados en él, hasta que les revelaba el valor: una moneda de oro. La gran mayoría de los mercaderes se rieron cuando escucharon e precio, con la excepción de uno de ellos que le dijo que una moned de oro era demasiado.

Desconcertado y cansado, el discípulo regresó a la casa del maestro al darse cuenta de que no había tenido la opción de cumplir el encarg que se le había pedido.

- Maestro, no he tenido la opción de vender tu anillo por una moneda de oro. Como mucho me ofrecieron algunas moneda de plata, así que, no he podido convencer a nadie sobre el verdadero valor del anillo –dijo con la cabeza baja el discípulo.
- Estás en lo cierto. Tenemos que conocer el verdadero valor del anillo. Coge el caballo de nuevo y ve a visitar al joyero del pueblo. Acércate a él para que te diga el valor del anillo, pero no se lo vendas –dijo el maestro.

Cabalgó nuevamente hacia el joyero del pueblo, que después d mirar cuidadosamente el anillo, ¡decidió que valía 58 monedas de oro

- ¿58 monedas de oro? –respondió el joven asombrado.

De esta forma, con esa noticia tan alentadora, volvió a montar a caballo para devolverle el anillo a su maestro.

El maestro solicitó que se sentara y que escuchara lo que le tenía que decir:

- Te pareces a este anillo: una joya exclusiva y significativa. Por tanto, solo puedes ser evaluado por un experto. ¿Cómo puedes pensar que cualquier persona puede valorarte? –dijo el maestro.

"Amarse a uno mismo es el principio de una historia de amor eterna". **Oscar Wilde.**

Aquí os dejo el vídeo:
https://www.youtube.com/watch?v=jb4ZRCfd8SY

8. *Ahorra tus bellotas* de **Robert Gardner.**

En un cálido día de otoño, dos ardillas llamadas Oliver y Amelia estaban discutiendo.

- Esas son mis bellotas –dijo Amelia.
- Te ayudé a conseguirlas, así que, debería tener la opción de comerme la mitad de ellas –dijo Oliver.

Ninguno de vosotros/as debería comerse todas las bellotas –dijo el abuelo.

- ¡Ninguno de nosotros/as! –exclamó Amelia.
- ¿Por qué no? –preguntó Oliver.
- Déjame contarte un cuento sobre osos y monos –dijo el abuelo.

- Un verano, hace muchos años, los monos tuvieron la mejor cosecha de plátanos de su historia, por lo que los monos estaban viviendo un momento muy feliz en sus vidas y comieron muchos plátanos. Además, incluso desperdiciaron los plátanos arrojándoselos unos a otros, pero un día dejó de llover y los plátanos se acabaron. En ese momento los monos comenzaron a pasar hambre.

  Afortunadamente para los monos, sus compañeros/as los osos actuaron como héroes, y en lugar de comerse todos los frutos del bosque, los osos fueron muy astutos y conservaron muchos frutos y solo se comieron los necesarios para vivir. En el momento en que los osos se despertaron de la hibernación y percibieron la horrible situación de los monos, decidieron apoyarlos.

  A partir de ese año, los monos descubrieron que no podían desperdiciar sus plátanos, ni jugando, ni en fiestas, y desde ese momento los monos empezaron a guardar 2 de cada 10 plátanos. Sin embargo, tienen suficientes plátanos para comer y estar llenos –narró el abuelo.
- Esos monos seguramente no eran demasiado inteligentes –dijo Oliver.
- No tendría ningún deseo de parecerme a los monos y quedarme sin alimento –dijo Amelia.

El abuelo sonrió.

- Entonces, cada vez que encontramos 10 bellotas, guardamos dos de ellas y, así, cuando no tengamos tanta suerte, tendremos bellotas extra, y no os he revelado la mejor parte, cuando guardamos nuestras bellotas no se quedan paradas, porque las bellotas crecen y se convierten en árboles.

Además, los árboles dan un número cada vez mayor de bellotas, y cuanto más esperemos, más bellotas tendremos –dijo el abuelo.

- Estoy ansioso de comenzar a ahorrar nuestras bellotas –dijo Oliver.
- Quizás, algún día tendremos suficientes bellotas para ayudar a nuestros amigos/as y podremos hacer lo mismo que los osos –dijo Amelia.

Aquí os dejo el vídeo:
https://www.youtube.com/watch?v=bl5vg7l272I

9. La liebre y la tortuga.

En el campo vivían una liebre y una tortuga. La liebre era excepcionalmente rápida y pasaba todo el día corriendo de aquí para allá, mientras que la tortuga siempre parecía agotada, ya que encima tenía que soportar el peso de su enorme caparazón.

A la liebre le hacía gracia ver a la tortuga arrastrando sus patas gordas, mientras que ella solo necesitaba un poco de motivación para saltar con destreza. Cuando se cruzaban, la liebre se reía de ella y solía ofrecerle comentarios burlones que, obviamente, a la tortuga no le parecían bien.

- ¡Confío en que no tengas prisa, compañera tortuga! ¡Jajaja! A ese ritmo, no llegarás a ningún lugar a tiempo. ¿Qué harás el día que tengas prisa? ¡Acelera, acelera! –dijo la liebre.

Un día, la tortuga se enojó tanto que se enfrentó a la liebre.

- Serás tan rápido como el viento, aunque, te garantizo que estoy preparada para ganarte en una carrera –dijo la tortuga.

- ¡Jajaja! ¡Dios mío, qué bueno! ¡Pero si una babosa es más rápida que tú! –respondió la liebre, burlándose y riéndose.
- Si estás tan seguro. ¿Por qué no lo intentamos? –exigió la tortuga.
- ¡En cualquier momento! –respondió la liebre con arrogancia.
- ¡Muy bien! Nos veremos mañana mismo junto al campo de girasoles, ¿vale? –dijo la tortuga.
- ¡Perfecto! –dijo la liebre.

La liebre salió saltando y la tortuga se fue con una serenidad similar a la habitual.

Al día siguiente, los dos se encontraron en el lugar que habían decidido. Numerosos animales fueron a verlos, ya que una prueba tan curiosa había generado mucho interés. Durante la noche, un grupo de gusanos había sido responsable de hacer surcos en el suelo para marcar el recorrido de la carrera. La zorra fue elegida para marcar el punto de salida y la meta, mientras que un cuervo ansioso se preparó para ser el árbitro. Cuando todo estuvo preparado y al grito de: "Preparados, listos, ya", la liebre y la tortuga comenzaron la carrera. La tortuga salió a un ritmo moderado, como ya era común en ella. La liebre, una vez más, salió disparada, sin embargo, al observar que ella tenía un extraordinario margen de ventaja, se detuvo para sentarse cerca de la tortuga y, además, se burló de ella un poco.

- ¡Vamos, tortuga, más rápido, estoy aburrida! –gritó la liebre, imitando un bostezo.
- Como no aceleres, ¡esto no tiene sentido! –dijo la liebre.

La tortuga recuperó el tiempo perdido y la liebre se colocó otra vez un par de metros por adelante. Nuevamente, se sentó a esperarla y la tortuga tardó unos minutos en llegar, ya que, estaba caminando lentamente.

- ¡Te avisé, tortuga! Es imposible que un ser tan calmado como tú pueda competir con una criatura tan ágil y deportista como yo –dijo la liebre.

En el camino, la liebre se detuvo un par de veces más para esperar a la tortuga, persuadida de que sería suficiente con correr un poco los últimos metros. Pero algo sucedió... A un par de metros de la meta, la liebre se durmió por puro aburrimiento, por lo que la tortuga la superó, y haciendo zancadas cortas pero seguras, estaba en la primera posición. En el momento en que la tortuga iba a cruzar la meta final, la liebre se despertó y corrió lo más rápido posible, sin embargo, no había nada que hacer. Vio con sorpresa e indefensión cómo la tortuga se alzaba triunfante y era animada por todas las criaturas del bosque.

La liebre, se sintió avergonzada y nunca volvió a reírse de la tortuga.

Moraleja:

En la vida debes ser modesto y recordar que los objetivos se logran con persistencia, compromiso, constancia y trabajo bien hecho, por tanto, es mejor ir lento, pero a un ritmo constante y seguro. Obviamente, nunca menosprecies a alguien por ser más débil, porque posiblemente, algún día te hará ver tus propias deficiencias.

Aquí os dejo el vídeo: https://www.youtube.com/watch?v=KDfl0dnUfjM

10. El avaro y el oro.

Hace mucho tiempo, había un hombre tan avaro que su propósito más notable en la vida era tener riquezas para sentirse un individuo importante.

Un día vendió todo lo que tenía, puso cada una de sus pertenencia en un gran saco y fue a la ciudad montando su fiel burro. Al parecer lo cambió todo por un lingote de oro brillante, y tampoco se sintió frustrado por deshacerse del burro, ¡qué tanto adoraba! Lo importante para él era ser extremadamente rico.

Volvió a pie pensando donde escondería su importante fortuna. Tenía que protegerla de posibles ladrones. Básicamente, en su casa no tenía nada porque había vendido todo, pero no le importaba... ¡Ese lingote lo justificaba todo, a pesar de todos los problemas!

Buscó con cautela un lugar apropiado para esconder el lingote finalmente, en el jardín que rodeaba la casa encontró un agujero detrá de una piedra.

- ¡Es el lugar ideal para ocultar el lingote de oro! –Pensó el avaro, mientras lo enterraba envuelto en una tela de algodón y lo dejaba dentro del agujero.

A pesar de que pensaba que nadie podría descubrir su secreto, no podía evitar sentirse incómodo. Dormía mal por las noches, y cada día con los primeros rayos del sol, salía al jardín y levantaba la piedra para comprobar que la pieza de oro todavía estaba allí. Cumplida la comprobación, seguía con sus tareas diarias. Durante un período considerable de tiempo actuó de manera similar todas las mañanas.

Un vecino que solía pasear a la misma hora por allí, veía como su vecino todos los días levantaba una piedra del jardín y luego se marchaba. Intrigado, decidió examinar qué era eso que su vecino siempre miraba. Silenciosamente se movió hacia la piedra y, sorprendentemente, encontró un lingote de oro brillante del tamaño de una barra de jabón. Inmediatamente guardó el botín en un bolsillo y desapareció sin que nadie lo viera.

Cuando el avaro fue la mañana siguiente, el agujero estaba vacío.

- Oh no... ¡Me robaron! ¡He sido robado! ¡Ya no soy un hombre rico! –se arrepintió el avaro.
- ¿Qué me pasará? ... –se preguntó el avaro.

Un campesino que le escuchó llorar se le acercó y le preguntó por qué razón lloraba. Abatido, le reveló la historia. El campesino no pudo evitar decirle lo que pensaba.

- Vendiste las cosas que te eran útiles y las cambiaste por una barra de oro inútil, solo por la alegría de echar un vistazo y sentirte rico y poderoso. Toma esa piedra oscura que está junto a tus pies, colócala en el agujero y piensa que es un poco de oro. Total, te servirá para lo mismo, es decir... ¡para nada! –dijo el campesino.

El avaro admitió que había cometido un error. Actualmente es más pobre que nunca, sin embargo, se benefició de su equivocación y comenzó a dar la bienvenida a las cosas importantes de la vida.

Moraleja:

Debemos valorar las cosas que son útiles y hacen la vida más agradable. Solo acumular riqueza, si no se disfruta, no sirve para nada.

Aquí os dejo el vídeo:
https://www.youtube.com/watch?v=ZjZU5nvaMyc

2. 18 No permitas que tus hijos hagan cosas que detestas.

En estos momentos quiero dejaros estas líneas escritas por **Jordan Peterson,** para así haceros reflexionar.

"Al fin y al cabo quieres a tus hijos. Si sus actos hacen que dejen de gustarte, piensa en el efecto que tendrán en otras personas a las que les importan mucho menos que a ti y que los castigarán de forma severa, por omisión o comisión. No dejes que algo así ocurra. Es mejor enseñarles a tus monstruitos lo que está bien y lo que no, para que se conviertan en sofisticados ciudadanos del mundo que se abre más allá de la familia.

Un niño que mira y escucha en vez de ir a lo suyo, que sabe jugar y no lloriquea, que es gracioso, pero no harta, alguien en que se puede confiar… Ese niño tendrá amigos allá donde vaya.

Gustará a sus profesores y a sus padres, además, si presta atención a los adultos, recibirá de ellos la misma atención, y también, sonrisas y gratas enseñanzas. Saldrá adelante en lo que tan a menudo es un mundo frío, implacable y hostil.

Los principios claros de disciplina y castigo establecen equilibrio entre indulgencia y justicia, que favorecen de forma óptima el desarrollo social y la madurez psicológica.

Las reglas y la disciplina apropiada ayudan al niño, a la familia y a la sociedad, a establecer, mantener y expandir el orden que es todo lo que nos protege del caos y de los terrores del inframundo, allí donde todo es incierto, donde todo provoca ansiedad, desesperanza y depresión. No hay mejor regalo que unos padres responsables y valientes.

No permitas que tus hijos hagan cosas que detestas"

El autor lo deja bien claro a la hora de mostrarse contrario a la excesiva tolerancia de los padres y madres.

Vosotros/as sois los encargados/as de corregir y reprender a los más pequeños/as, y también de socializarlos.

"Disciplinar a un niño es un acto de responsabilidad, no es una manifestación de ira ni de venganza por su fechoría". **Jordan Peterson.**

Fuente:
"12 reglas para vivir". **Jordan Peterson.**

Capítulo 3:

INVERSIÓN

3.1 Olvídate de las cuentas infantiles.

Los padres y madres nos preocupamos por el futuro de nuestros/as hijos/as, lo cual es algo natural e instintivo. Además, una vez que llegan al mundo, y conforme van cumpliendo años, tratamos de darles las herramientas necesarias para que ellos/as puedan desenvolverse en la vida. Así pues, cada padre y madre lo hace de la mejor manera posible, porque los niños/as no vienen con un manual de instrucciones.

Por supuesto, los progenitores también buscamos darles estabilidad económica a nuestros hijos/as, y si nadie nos ha explicado nada, pues les abrimos una cuenta corriente infantil. Es evidente, que es mejor que nada, sin embargo, no será la mejor opción.

Cabe destacar que, serán muchas las opciones para ayudar financieramente a tus hijos/as, pero la más sencilla y efectiva será abriles un fondo de inversión, y dentro de los fondos, para mí, la mejor opción serán los fondos indexados.

¿Cuánto dinero podrías acumular para tu criatura, si empiezas a invertir cuándo nazca o en los primeros años de vida?

Pues puedo decirte que mucho, porque cuentas con dos grandes aliados: el tiempo y el interés compuesto, los cuales reducirán el riesgo.

A continuación, voy a presentarte dos escenarios:

Fondo de inversión indexado con perfil moderado.
A la edad de 18 años: 40.112€
A la edad de 25 años: 69.045€
A la edad de 30 años: 97.046€

Fondo de inversión indexado con perfil agresivo.
A la edad de 18 años: 49.815€
A la edad de 25 años: 93.916€
A la edad de 30 años: 141.324€

Estos cálculos están basados en un rendimiento anual del 4'4% en el primer fondo y del 6'6% en el segundo, la aportación inicial sería de 1.000€ y las aportaciones mensuales de 100€ (se aumentarían un 2% cada año). Es importante aclarar que las aportaciones se aumentarían un 2% todos los años para ajustarlas a la inflación, además, también se supone un aumento de la capacidad de ahorro.

Sin ninguna duda, yo elegiría un perfil agresivo, es decir, mucha exposición a renta variable, ya que el tiempo será nuestro aliado.

¿Por qué hay tanta diferencia de un perfil a otro?

Pues porque un perfil tiene más volatilidad y el otro es más estable, esto es debido a que un perfil tiene más renta variable y el otro menos.

Así pues, en el fondo indexado con perfil moderado, se ha calculado una volatilidad del 12% anual, y en el fondo indexado con perfil agresivo, se ha estimado una volatilidad del 18%.

¿Cuánto dinero tendría mi hijo/a si hubiera dejado el dinero en una cuenta corriente infantil?

Solo tendría 22.600€ al llegar a la mayoría de edad, 31.000€ en el cuarto de siglo y 37.000€ al llegar a la treintena. En este escenario se ha calculado que las cuentas corrientes han dado un 0% interés, que es lo que ocurre casi siempre.

¿Dónde estará invertido el dinero de mi hijo/a?

En Myinvestor podrás crearle una Cuenta Junior a tu hijo y/o hija podrás invertir en los mismos productos que los adultos.

En mi primer libro tienes todos los detalles, no obstante, voy a recordarte lo más básico.

Con los fondos de renta variable estaremos comprando acciones de miles de empresas de todo el mundo y de diferentes sectores, de forma que las pérdidas de unas empresas serán compensadas por las ganancias de las otras. Mientras que, con los fondos indexados de renta fija, estaremos adquiriendo participaciones de bonos de diferentes países y empresas del mundo

Fuente:
https://www.businessinsider.es/olvidate-cuentas-infantiles-piensa-mejor-fondos-395527

3.2 Donar un fondo a tu hijo o comprarlo a su nombre. ¿Qué opción es mejor?

No hay una respuesta clara, ya que ambas opciones tienen ventajas e inconvenientes.

Contratar un fondo indexado a nombre de tu hijo/a.

Ventajas:

- Desde el principio el fondo estará a nombre del pequeño/a.
- Evitarás problemas si quieres mover el dinero de un fondo a otro.

Inconvenientes:

- Tu hijo/a tendrá acceso al dinero en cuanto cumpla los 18 años, sin embargo, no deberías de preocuparte, porque se supone que habrás educado financieramente a tu hijo/a.

Contratar el fondo indexado a tu nombre y después donarlo.

Ventajas:

- Tú controlas el fondo en todo momento.

Inconvenientes:

- Al donar el fondo a tu hijo/a tendréis que pagar impuestos los dos. Tú como donante deberás pagar en el IRPF en la Declaración de la Renta, y pagarás por todas las ganancias que ha generado el fondo, mientras tanto, tu hijo/a lo hará en el Impuesto de Sucesiones y Donaciones.

Como puedes ver, son pros y contras, pero yo lo tengo muy claro y optaría por la primera opción, ya que perdería el control del fondo pero diferiría (retrasaría) el pago de impuestos.

Fuente:
https://www.finect.com/usuario/Josetrecet/articulos/donar_un_fondo_a_tu_hijo_o_comprarlo_a_su_nombre_que_opcion_es_mejor

.3 Fondos indexados para menores en Myinvestor.

Puedo abrir una cuenta para un menor en MyInvestor?

Sí, puedes abrir la cuenta MyInvestor Junior donde el único titular sea n menor de edad.

Dado que el menor no tiene capacidad legal de firma, siempre se ncluirá a un representante legal en la cuenta, que será el padre, madre o utor legal. Este representante será el que realice el onboarding digital y irmará los documentos necesarios para la apertura de la cuenta.

El representante legal se dará de alta con sus propios datos (email, DNI teléfono). La operativa es similar a la de las cuentas para adultos. Ver reguntas frecuentes 'Sobre la cuenta MyInvestor'.

Qué condiciones tienen las cuentas para menores?

Las cuentas para menores tienen mismas características que las cuentas ara mayores de edad con dos salvedades: no pueden invertir en planes de ensiones ni solicitar tarjetas de débito y crédito.

Cuántos representantes admite la cuenta?

La apertura online de la cuenta MyInvestor Junior admite hasta dos epresentantes legales. En el momento del alta, te consultaremos cuantos epresentantes quieres incluir.

¿En qué productos pueden invertir los menores en MyInvestor?

Los menores pueden invertir en Fondos de inversión, fondo indexados, carteras de fondos indexados de gestión discrecional (Clásic Pop, Indie, Rock y Heavy Metal), acciones y ETFs.

La cuenta MyInvestor Junior permite invertir en Fondos de inversió y fondos indexados, ya que, cuando se completa el proceso de alta de l cuenta se generan paralelamente una cuenta corriente y una cuenta d valores.

Los menores también pueden invertir en carteras de fondos indexado de gestión discrecional

Si aún no has abierto tu cuenta en Myinvestor, puedes llevarte 20€ gratis al utilizar el código que te voy a proporcionar: **XDnCW**

3.4 Cartera de inversión para nuestros hijos e hijas.

En este apartado voy a hablar de la construcción de carteras invirtiendo directamente en acciones, básicamente consiste en que nuestros hijos/as compren acciones sueltas para aprender el concepto de ingresos pasivos y, por supuesto, de máquinas que fabrican dinero, es decir, acciones que generan dividendos.

Como aprendizaje me parece una opción muy interesante, no obstante, no será mi opción preferida, porque los niños/as solo podrán aportar un ahorro mensual, y para que la compra de acciones directas fuese rentable, serían necesarias cantidades de al menos 1.000€ por compra, porque de lo contrario, las comisiones nos perjudicarían demasiado. Por tanto, si invertimos a través de un ahorro mensual, estamos casi obligados a hacerlo por medio de fondos de inversión.

¿Entonces no compramos acciones directas para los niños/as?

No estoy diciendo eso, estoy diciendo que no me parece la mejor opción, pero sí me parece una alternativa muy educativa, así pues, vamos a buscar algunas soluciones para que los niños/as puedan utilizar este recurso.

¿Cómo pagamos pocas comisiones?

Para hacer compras pequeñas y pagar pocas comisiones, estamos obligados a contratar un broker barato, por ejemplo: Degiro.

¿Por qué es tan educativo comprar acciones directas?

Porque podemos relacionar las acciones con cajas que fabrican dinero (dividendos) y, también, decirles que cada una de esas cajas es una pequeña parte de una empresa, por tanto, van a ser propietarios/as de empresas que conocen.

¿Qué acciones comprarías?

Pues acciones de empresas que son conocidas para el niño/a, como: Coca Cola, Disney, McDonald's, Nintendo, etc.

¿A nombre de quién abrirías la cuenta en el broker?

Tendrías dos opciones:

- Contratar una cuenta a tu nombre.
- Contratar una cuenta a nombre de tu hijo/a y que tú seas el representante para así poder operar.

¿Qué es mejor?

Pues al igual que ocurría con los fondos indexados, la respuesta será: depende.

La primera opción, solo tendría la ventaja de que tú tendrías el control real de la cartera.

Pero si decidieras elegir la segunda opción, tendrías las siguientes ventajas:

- No tributarías por los rendimientos y tu hijo/a tampoco. De hecho, hasta que la cartera no superara los 1.800€, tu hijo/a no pagaría nada de impuestos y tú podrías continuar aplicando el mínimo por descendiente.
- Si murieras, tu hijo/a no pagaría el impuesto de sucesiones.
- Tu hijo/a sentiría que la cartera le pertenece.

Si eliges la segunda opción, cuando el niño/a cumpla 18 años tendr control absoluto sobre la cartera, por tanto, tendrás que haberl educado financieramente de forma adecuada, porque de lo contrario se podrá gastar el dinero en cualquier estupidez.

Como conclusión, personalmente prefiero los fondos indexados, d hecho, sería el vehículo que yo utilizaría para acumular patrimoni para mis hijos/as, pero si algún padre o madre decidiera ir más allá d mi propuesta, puede invertir directamente en acciones, en este cas podríais solicitar la ayuda del señor **Luís Álvarez**, que me consta qu está creándole una cartera de acciones directas a sus hijos/as y, esto seguro que lo estará haciendo con mucha sabiduría y criterio.

Aquí os dejo el enlace de contacto de Luís Álvarez: https://www.cazadividendos.com/contacto/

Fuente:
https://www.cazadividendos.com/aprender/educacion-financiera-ninos-jovenes/cartera-inversion-hijos/

.5 Lecciones de Warren Buffett a sus hijos.

Para **Warren Buffett**, su padre Howard fue constantemente una motivación. Le mostró desde joven la importancia del dinero y de crear negocios. Además, aprendió de su padre diferentes características, como la persistencia y la paciencia.

Howard Buffett era un broker de bolsa en Omaha, Nebraska, hasta que un día regresó a casa y le dijo a la familia que el banco donde trabajaba había cerrado y que sus ahorros ya no existían. Era la Gran Depresión y sus consecuencias se notaban en todo el país. El supermercado del abuelo de **Warren Buffett** sirvió para ayudar a la familia, y para que Howard se recuperara y abriera su propia compañía.

Esta situación le dejó a **Warren Buffett** algunas lecciones que les ha enseñado a sus hijos/as. Aquí reunimos algunas lecciones del cuarto hombre más rico del planeta, son las siguientes:

1. Enséñales a una edad temprana el valor del dinero.

Esperar a la adolescencia es un grave error.

"Enseñar a los niños hábitos financieros saludables a una edad temprana les da la oportunidad de tener éxito cuando son adultos", dijo **Buffett** en una entrevista publicada por la NBC en 2013.

2. Paciencia.

Warren Buffett comenzó a hacer negocios a los seis años. Empezó comprando 6 latas de Coca Cola para revenderlas.

A los 11, compró su primera acción de bolsa. Posteriormente, persuadió a su hermana Doris para que pusiera dinero en la compra de acciones de la organización petrolera Cities Service Company, así que, ellos compraron 3 acciones a 114’75$ cada una. Sin embargo, el miedo de Doris de perder dinero les hizo vender las acciones pronto y solo obtuvieron un beneficio de 5$. Pero en poco tiempo el valor de las acciones aumentó a 202$. En este momento, Warren aprendió una lección muy importante: la paciencia.

3. Sigue tu propio camino.

Peter, el hijo menor de **Warren**, siguió un camino diferente a los negocios, convirtiéndose en músico, compositor y filántropo. A su forma, **Warren** también siguió su propio camino, porque mientras que todo el mundo esperaba que estuviera cerca de Wall Street, él decidió quedarse en Omaha, porque afirmaba que sería mejor inversor, ya que no estaría expuesto al miedo y a la codicia.

4. Dales a tus hijos oportunidades, no caridad.

Su hijo Peter afirmaba que su padre le dio el suficiente dinero como para impulsar su carrera, pero no el suficiente como para vivir sin preocupaciones.

"Dales a tus hijos dinero suficiente para hacer cualquier cosa, pero no lo suficiente para no hacer nada". **Warren Buffett.**

5. Invierte en potencial.

"Si inviertes en un activo subvaluado y dejas que crezca, el mercado lo verá, reconocerá ese valor y tendrás un gran retorno" **Warren Buffett.**

6. Haz lo que amas.

"No te conformes con otra cosa que no sea tu pasión, si tienes la suerte de encontrarla". **Warren Buffett.**

Aquí os dejo un vídeo donde se resume todo este punto:
https://youtu.be/mDx4j6slt_8

Fuente:
https://www.altonivel.com.mx/empresas/6-ensenanzas-warren-buffett-a-sus-hijos-dinero-la-vida

Capítulo 4:

EMPRENDIMIENTO

4.1 Emprendimiento en pequeños negocios.

En relación con su propio negocio, el niño/a puede fabricar pulseras para venderlas en el colegio, puede hacer limonada para venderla en la puerta de su casa, puede hacer dulces para venderlos de puerta en puerta, o puede comprarse golosinas para revenderlas más caras.

A estas alturas supongo que todos/as conoceréis a **Warren Buffett**, pero si alguien no lo conoce, os diré que posiblemente es el mejor inversor en bolsa de todos los tiempos, él suele contar que compró su primera acción a los 10 años y que se lamenta de haber comprado tan tarde.

Según **Warren Buffett**:

"Si le damos 30€ a nuestro hijo/a y se lo gasta todo en chuches, pasará penurias en la vida. Si se gasta 15€ en chuches y ahorra los otros 15€, no tendrá problemas. Pero si se gasta los 30€ en chuches y se las vende a los amigos/as, sacando el doble, y lo reinvierte en su negocio. Será el próximo **Warren Buffett**".

Será una buena inversión para nuestros hijos/as el que aprendana vender puerta por puerta, para que así les digan que no les quieren comprar nada, porque este hecho les ayudará a desarrollar la resiliencia.

¿Qué es la resiliencia?

En psicología, es la capacidad que tiene una persona de recuperarse frente a la adversidad.

Además, deberías enseñarles la importancia de aumentar y diversificar sus fuentes de ingresos, es decir, la necesidad de crear o comprar activos que les generen pasivos.

Por último, se me ocurrió preguntarle a mi amigo **Kevin Albert**, el cual es un emprendedor de éxito, que le habría gustado que le hubieran dicho sus padres cuando aún era joven, y me dijo las siguientes recomendaciones:

"La universidad te convierte en una pieza más del sistema, no es el camino".

"Con un plan establecido se puede conseguir cualquier cosa".

4.2 Tu hijo es un genio.

Hay ocho inteligencias diferentes, y la escuela tradicional solo ha trabajado dos: la lógica-matemática y la lingüística-verbal. Aunque tengo que reconocer que en la escuela moderna ya se están intentando desarrollar otros tipos de inteligencias.

En el colegio se mide el coeficiente intelectual académico y se hace a través de las dos inteligencias que acabamos de nombrar, de este modo, el trabajo de estas dos inteligencias provoca en los niños/as el miedo a cometer errores, y también les limita el aprendizaje a través de la acción.

Un investigador de Harvard llamado **Howard Gardner** estudió los tipos de inteligencias y descubrió que eran ocho. A éstas, **Gardner** las llamó Inteligencias Múltiples, y afirmó que eran las siguientes:

- Emocional
- Interpersonal
- Lingüística-verbal
- Lógico-matemática
- Visual-espacial
- Musical
- Corporal y cinestésica
- Naturalista

Gardner localizó estas inteligencias en diferentes partes del cerebro y, además, afirmó que todas las personas tienen las ocho clases de inteligencias, aunque cada uno destaca más en unas que en otras, siendo las ocho igual de importantes. Así pues, es necesario dominar gran parte de ellas para enfrentarnos a la vida, independientemente de la profesión que se ejerza. Evidentemente, la mayoría de los trabajos necesitan del uso de la mayoría de los tipos de inteligencias.

Hemos nombrado muchos tipos de inteligencias, pero ahora vamos a hablar de una que no está en esta clasificación pero que queremos transmitir a nuestros hijos/as, se trata de la inteligencia financiera. Desgraciadamente, el sistema educativo está diseñado para que te mantengas en la clase media después de 20 años de formación académica, ya que no te enseñan nada sobre el dinero, así que, será nuestra obligación como padres y madres potenciar la inteligencia financiera de nuestros hijos/as.

¿Qué es la inteligencia financiera?

"Es la habilidad de generar riqueza o la capacidad para resolver o evitar problemas financieros". **Robert Kiyosaki.**

¿Cómo se mide?

Se mide respondiendo a las siguientes preguntas:

- ¿Cuánto ganas?
- ¿Cuánto dinero del que ganas eres capaz de retener?
- ¿Cuánto dinero trabaja para ti?
- ¿Cuánto tiempo libre te proporciona?

¿Cómo podemos trabajarla?

Ya sabemos que la mejor forma de trabajarla es siendo un ejemplo para nuestros hijos/as, pero también lo podemos hacer jugando, a través de muchos de los juegos que hemos recomendado a lo largo del libro. Ya que para jugar se necesita más de un tipo de inteligencia, por eso los juegos son unos excelentes maestros, porque algunos niños/as aprenden más al hacer cosas que al escuchar.

Debemos conocer el genio de nuestro hijo/a, para protegerlo del genio que busca la escuela, porque a lo mejor no coinciden. Además, a lo mejor tampoco es el genio que nosotros/as quisiéramos que tuviera. Por tanto, tu hijo/a es un genio, a pesar de que algunas veces sus calificaciones demuestren lo contrario.

Creo que en este momento todo el mundo entenderá porque niños/as que no destacaron en la escuela son profesionales de éxito, y viceversa, excelentes alumnos/as a nivel académico que no han conseguido buenos resultados a nivel profesional.

Por tanto, cuando los niños/as vean lo peor de sí mismos, los padres y madres debemos ver lo mejor, ya que es nuestro trabajo.

Como conclusión: cada niño/a tendrá su propia fórmula ganadora, algunos/as aprenderán escuchando y leyendo, otros/as escribiendo, otros/as observando, algunos/as practicando y otros/as jugando. Nuestra principal función como padres y madres será que no odien la escuela y que no se sientan unos fracasados/as. Además, debemos descubrir que les gusta, para así ayudarles a evolucionar y, sobre todo, mantenerlos motivados hacia el aprendizaje. No estoy diciendo que la escuela no sea importante, estoy afirmando que es necesario que los padres y madres enseñen educación financiera a sus hijos/as, porque la escuela no lo hará.

"Le dije a mi hijo: No tienes que estar en el top 3 de tu clase. Ser parte del promedio está bien, siempre que tus notas no sean bajas, solo este tipo de personas tienen tiempo para aprender otras habilidades". **Jack Ma.**

Fuentes:
https://psicologiaymente.com/inteligencia/teoria-inteligencias-multiples-gardner

Niño Rico, niño listo: *Cómo dar a sus hijos una educación financiera sólida.* **Robert T. Kiyosaki.**

4. 3 Niños de menos de quince años que crearon negocios millonarios.

Los niños/as son curiosos, apasionados, entusiastas, enérgicos, perseverantes... en fin, son emprendedores en todo el sentido de la palabra.

A continuación, os presento un listado de niños y niñas que tuvieron un gran éxito como emprendedores/as:

1. Fraser Doherty, fundador de SuperJam.

Es un adolescente escocés que con 14 años comenzó a hacer mermelada con las recetas de su abuela. Así surgió SuperJam, una marca reconocida de mermelada hecha 100% de fruta natural que se vende en importantes cadenas de supermercados de todo el mundo.

2. Madison Robinson, fundadora de Fish Flops.

Es una joven emprendedora que a la edad de 9 años comenzó a crear sus propias sandalias. Así nació Fish Flops, una compañía de ropa para niños/as que ya ha ganado más de 1 millón de dólares en ventas.

3. Evan, fundador de EvanTubeHD.

Con solo 8 años y con la ayuda de su padre, Evan creó su canal en YouTube: EvanTubeHD. Un año después, ya había generado ingresos por más de 1 millón de dólares a través de publicidad en sus vídeos.

4. Christian Owens, fundador de Mac Bundle Box.

A la edad de 10 años, empezó a desarrollar aplicaciones para Mac OS X. Así nació Mac Bundle Box, su primer negocio que le permitió ganar más de 1 millón de dólares durante los primeros años.

5. Jordan Casey, fundador de Casey Games.

A los 12 años desarrollo un videojuego que consiguió millones de descargas en iTunes. En enero del 2012 fundó Casey Games, empresa con la que ha creado magníficos videojuegos.

6. Cameron Johnson, fundador de Cheers and Tears.

Empezó a los 9 años con 50$ y un ordenador, comenzó a diseñar tarjetas de felicitación y de invitación para fiestas. Llamó a su empresa Cheers and Tears y a los 11 años ya estaba facturando grandes cantidades económicas por medio de las ventas de las tarjetas.

7. Farrhad Acidwalla, fundador de Rockstah Media.

Con 10$ que le regalaron sus padres, empezó su vida como emprendedor a los 13 años, cuando construyó una comunidad en línea de aviación y Aero-modelado, y con 15 años fundó Rockstah Media.

8. Ryan Barkery, fundador de "La Repostería de Ryan".

A la edad de 11 años, participó junto a su madre en el programa Shark Thank. Allí consiguió una inversión de 25.000$ para su empresa Ry's Ruffery, una pastelería para perros, y un par de años más tarde su negocio ya facturaba seis cifras.

9. Adam Hildreth, fundador de Dubit.

Con 14 años creó su primera empresa. Dubit Limited surgió como una red social para jóvenes, y llegó a ser el sitio web para adolescentes más visitado del Reino Unido en 2004.

Todos estos niños/as tienen en común las siguientes cualidades:

- Asumen riesgos.
- Son curiosos.
- Prestan atención a los pequeños detalles.
- Hacen muchas preguntas.
- Son sociables.
- Demuestran su afecto.
- Piensan diferente.
- Se olvidan de los prejuicios.
- Se divierten.

Por tanto, los niños/as presentan un perfecto coctel de cualidades para ser grandes emprendedores/as.

¿Por qué no va a ser tu hijo/a un emprendedor/a destacado? Puede serlo perfectamente, porque tiene todo lo necesario para ser lo que se proponga en la vida. Así que, apóyalo y deja que brillen sus sueños.

Aquí os dejo un vídeo resumen: https://youtu.be/qczQPVo2pWo

Fuentes:
https://www.negociosyemprendimiento.org/2016/02/ninos-iniciaron-negocios-millonarios.html

https://www.negociosyemprendimiento.org/2013/07/cosas-emprendedores-podemos-aprender-de-ninos.html

Capítulo 5:

RECOMENDACIONES

5.1 Libros para niños y jóvenes.

A continuación, os dejo un listado de libros para niños/as, adolescentes y jóvenes:

- *Mon y Nedita. Mi primer libro de economía.* **Montse Junyent Ferrer.** + 4 años.

- *Mi primer libro de educación financiera.* **Floren Verdú.** + 8 años. (También ediciones disponibles en español, valenciano, inglés y alemán.)

  Mi primer libro de educación financiera 2. **Floren Verdú** + 8 años. (También edición disponible en inglés)

- *Mi primer libro de economía, ahorro e inversión.* **María Jesús Soto Barragán.** + 8 años.

- *Mi primer viaje al mundo de la empresa y los emprendedores.* **María Jesús Soto Barragán.** + 8 años.

- *¿Dónde crece el dinero? Aprender a gestionar el dinero desde la primera paga".* **Laura Mascaró.** 9 a 14 años.

- *Olvídate de tu cerdito y pon a crecer tu dinero: Aprende desde joven a invertir inteligentemente.* **Antonio Jiménez**. + 13 años.

- *¡Haz que el dinero sea tu amigo!: Te acompañará toda la vida.* **Gregorio Hernández Jiménez.** 13 a 17 años.

- *El código del dinero: conquista tu libertad financiera.* **Raimon Samsó.** + 17 años.

- *Padre Rico, Padre Pobre: Qué les enseñan los ricos a sus hijos acerca del dinero.* **Robert T. Kiyosaki.** + 17 años.

- *Educación Financiera avanzada partiendo de 0 (Aprenda a gestionar su dinero para transforma su vida).* **Gregorio Hernández Jiménez.** + 17 años.

Como quiero ayudar a que nuestros hijos e hijas sean felices, he ɔortado mi granito de arena escribiendo: *De mayor quiero sentirme bien* te animo a que lo compres en Amazon, porque estoy convencido de que a a proporcionar muchas herramientas a nuestros pequeños y pequeñas.

Los podéis encontrar todos en Amazon.

5. 2 Expertos en educación financiera para niños.

- **Value Kids (Conchi Rubio).**
  Es una iniciativa de Value School, que siente la necesidad de inculcar y reforzar en nuestros jóvenes: hábitos financieros saludables y de consumo responsable.

Podemos encontrarlos en su página web: https://www.valuekids.es/

Y también los podemos encontrar en YouTube.
https://www.youtube.com/channel/UCYX321IbxPHlcxazuSQ-ryA

- **Juana de León.**
  La podemos encontrar en el blog:
  https://www.aprendercuenta.com/quienes-somos

- **María Jesús Soto.**
  Autora de algunos libros que hemos recomendado en el punto anterior

- **Laura Mascaró.**
  La podemos encontrar en el blog:
  https://lauramascaro.com/

- **Amalia Guerrero.**
  La podemos encontrar en el blog:
  http://www.finanzascasa.com/

También quiero recomendar su libro, porque es similar al que estáis leyendo, aquí os dejo el enlace:

https://www.amazon.es/dp/1704575249/ref=cm_sw_em_r_mt_awdb_NGD6EbAPD6ZHC

- **Robert Kiyosaki.**
  Nos ofrece otro libro que también tiene ciertas similitudes con el mío, el libro se llama: "Niño Rico, niño listo: Cómo dar a sus hijos una educación financiera sólida".

5. 3 Vídeos recomendados de educación financiera.

A continuación, os dejo una conferencia de TEDx Talks, en la cual Hernan Casciari, intenta explicarle a su hija de 13 años el colapso del sistema financiero.

https://www.youtube.com/watch?v=HLIJkmy3vy8&list=PLI6McuL74_Xhoo9iDHLusz-OCU63OidRt

Aquí también os dejo una charla muy interesante de Laura Mascaró que es una gran especialista en la materia:

https://youtu.be/G9GueJ1Xlsw

Por último, os dejo una charla de Juana León y Conchi Rubio que también son grandes expertas:

https://www.youtube.com/watch?v=ZlMxPmBHUVY

5. 4 Canales de YouTube para los niños.

Quiero compartir con vosotros/as un canal de YouTube que va a cumplir una triple función:

1. Enseñar educación financiera a nuestros/as hijos/as.
2. Enseñar inglés, porque el canal está en inglés.
3. Divertir a nuestros/as hijos/as.

El canal se llama: Warren Buffett's Secret Millionaires Club.

Aquí os dejo el enlace:

https://www.youtube.com/user/SecretMillionaires

Capítulo 6:

CONCLUSIONES

Cuando descubrimos este mundo, todos/as nos damos cuenta de que estamos sumidos en la Carrera de la Rata y que hemos perdido un valioso tiempo, porque la mayoría somos conscientes cuando tenemos entre 30 y 40 años. Sin embargo, nuestros hijos/as no tienen por qué pasar por la misma situación.

Tenemos claro que el colegio y el instituto no van a transmitirles la inteligencia financiera y, por supuesto, sabemos que estudiar no es el único camino para tener éxito en la vida.

Además, también hemos descubierto la magia del interés compuesto y de la inversión a largo plazo, por tanto, ha llegado el momento de pasar a la acción y ser un ejemplo para nuestros/as hijos/as.

Es la hora de ayudar a nuestros hijos/as a tener poder sobre el dinero y no ser esclavos de él.

Por último, quiero aclarar que, todo el contenido que pone en este libro, son recomendaciones que han sido probadas y funcionan correctamente, sin embargo, no tienes por qué ponerlas todas en práctica, ya que será suficiente con que extraigas ideas y desarrolles tus propias estrategias, puesto que lo que funciona con un niño/a, a lo mejor, no funciona con otro.

"La herencia más valiosa que podemos dejar a nuestros hijos, no está en los bienes materiales que podamos dejarles, sino en haberlos enseñado a manejar con inteligencia el dinero que se gana". **Joselyn Quintero.**

Capítulo 7:

DONACIÓN, ATENCIÓN PERSONALIZADA Y VALORACIÓN

¿Por qué voy a donar el 10% de lo que recaude con este libro?

Porque es vital ayudar a los demás y porque la abundancia se basa en dar y recibir. Es por ello que el 10% de lo que obtenga con este libro irá destinado a la ONG Cruz Roja. Así pues, cada vez que realice una donación, informaré por correo electrónico a todos aquellos/as que os hayáis puesto en contacto conmigo.

Atención personalizada.

Sinceramente, pienso que con este libro tienes suficiente información para desarrollar la educación financiera de tus hijos/as, no obstante, si necesitas realizarme alguna consulta, puedes escribirme a:

florenvb@hotmail.com
florenvb@gmail.com
hola@florenverdu.com

Aunque es posible que te sientas más cómodo/a si te llevo de la mano durante este proceso, en este caso, estaré encantado de darte una atención personalizada, a través de una videoconferencia, una reunión presencial o por teléfono.

¿Quieres llevar tu educación financiera al siguiente nivel?
Si buscas alcanzar un nivel avanzado, te recomiendo un curso y un ıáster que realicé hace algún tiempo y que, sinceramente, considero el ıejor en el mercado de habla hispana. A continuación, te dejo el enlace ara que puedas acceder y aprovechar la consulta gratuita que ofrecen xpertos altamente cualificados.

https://hotm.art/mrfvb

Tendrás que escribir o, por el contrario, copiar o pegar el enlace en navegador.

Para finalizar, si te ha gustado el libro, te pido que hagas el favor de regalarme unos pocos minutos de tu tiempo y me escribas una reseña en AMAZON, ya que no realizo ningún tipo de publicidad, y la única forma que tengo de llegar a otros lectores/as es a través de tu reseña.

Por el contrario, si no te ha gustado, también te animo a hacer una reseña negativa, así la gente no perderá el tiempo en leerlo. No obstante, el mercado decidirá si el contenido merece o no la pena.

Muchas gracias por tu tiempo, y si te he aportado alguna idea, habrán merecido la pena todas las horas que he dedicado a escribir.

AGRADECIMIENTOS

Quiero dar las gracias a mi madre y a mi padre, por darme la vida y por esforzarse tanto para que yo tuviera un futuro próspero, ya que son numerosos los sacrificios que han tenido que hacer para que nunca faltara la comida en la mesa y para pagarme parte de mis estudios.

También quiero agradecer la ayuda de mi exnovia Anabel, ya que sacó lo mejor de mí y me hizo ser mejor persona, gracias por haber sido parte de mi vida, te deseo lo mejor.

Además, también quiero agradecer la ayuda de mi gran amigo Kevin Albert García, que ha sido quien me ha ayudado para que este y otros libros sean posibles.

Otro agradecimiento muy especial es para mí excuñado Samuel Garrido, que ha sido el encargado de realizar el diseño de la portada, si os ha gustado el diseño, aquí os dejo su contacto en Instagram: @samuelgarridofrances.

Por último, quiero dar las gracias a todas las personas que siempre creéis en mí.

¡Te regalo mi próximo libro!

que valoro a cada lector que me acompaña en este camino, ero regalarte algo único: acceso exclusivo a mi próximo o completamente gratis.

anea el código y únete a mi club de lectores.

aventura no termina aquí, empieza contigo.

www.ingramcontent.com/pod-product-compliance
Lightning Source LLC
LaVergne TN
LVHW020819061026
849530LV00003B/31
* 9 7 8 9 9 1 6 7 4 6 9 0 5 *